영생에 투자하라

영생에 투자하라

국내 영화 최초로 베니스 영화제 황금사자상을 수상한
영화 '피에타'에서 주인공 강도가 자신을 찾아온 여인에게
불쑥 이런 질문을 던진다. "돈이 무엇인가?" 그러자 그녀가
대답한다. "돈, 모든 것의 시작이자, 끝이지."

모든 것이 돈으로 통하는 세상이다. 돈이 권력이고 생명
이다. 내 일생이 돈에 달려있다. 인생의 모든 해결책은 더 많
은 돈에 있다. 그런데 문제는 불신자들만 이렇게 사는 게 아
니라는 것이다.

그리스도인 역시 말로는 "주여, 주여"하지만 속으로는
'돈, 돈'하면서 살아가는 게 엄연한 현실이다. 안타깝게도 하
나님을 믿고 산다고 하면서 하나님과 돈 사이에서 돈을 선

택하고, 돈을 의지하며 살아가고 있는 것이다.

왜 이렇게 된 것일까. 돈 문제는 사람의 문제이고, 사람의 문제는 마음의 문제이다. 필자는 그 이유를 성도들 마음 가운데 '예수'가 없기 때문이라는 생각을 하게 되었다. 더 정확히 말하자면 예수께서 공급하시는 은혜를 누리지 못하고 있기 때문이다. 영생의 소망이 없기에 이 땅의 것에 연연하며 살 수밖에 없는 것이다.

성경적 재정관리 강의를 마치고 잠시 쉬는 시간에 필자를 찾아와 그동안 자신이 강의를 듣고 나서 어떻게 삶이 변화되었는지를 말하는 사람들이 종종 있다.

"목사님의 강의를 듣고 빚을 갚기 시작했어요."
"목사님 강의를 듣고 가계부를 쓰기 시작했어요."
"얼마 전부터 조금씩 저축을 시작했어요."
"목사님의 강의를 듣고 나서 조금씩 어려운 곳에 후원하게 됐어요."

참으로 감사한 일이다. 부족한 종을 통해 성도들이 하늘의 참 기쁨을 맛보게 되고 하나님의 나라가 확장되어가는 것을 보면서 여러 가지로 부족하지만 당신의 도구로 사용해 주신 하나님께 감사드리지 않을 수 없다.

　　이 책을 다 읽고 난 분들의 입에서 "주님, 이제 저도 주님과 함께 하는 삶을 살겠습니다. 풍성한 은혜를 베푸신 하나님의 뜻을 이제 알았으니 이제부터는 감사한 마음으로 이웃을 돌아보겠습니다. 하나님께서 주신 돈을 하나님의 뜻대로 관리하겠습니다. 이제부터 영생에 투자하는 삶을 살겠습니다"라는 고백이 나올 수 있다면 더 이상의 기쁨은 없을 것이다.

2018년 5월
김 용 수

contents

성 경 적

재 정 관 리

영생에
투자
하라

영생은 있다

그리스도인은 우리의 길이요 진리요 생명
되시는 예수 그리스도를 모시고 하나님의
뜻을 이 땅에 이루기 위해 최선을 다하는
동시에 천국의 소망을 가지고 날마다 본향을
바라보며 살아가는 사람들이다.

영생은
있다

"권사님, 천국에 있는 권사님 집에 온갖 보석으로 장식된 침대가 보이네요." 어머님께서 돌아가시기 몇 달 전 한 기도원 원장님이 기도하는 가운데 하신 말씀이다. 그분은 당시 출석하던 교회 부목사님 소개를 받아 바쁜 일정을 뒤로 하고 직접 집에까지 찾아오셔서 어머님을 위해 간절히 기도해 주셨다. 그분은 하나님이 보내주신 천사였다.

어머님께서는 당시 위암 말기였다. 위암 말기 환자들이 마지막에는 극심한 고통에 손톱이 빠지도록 방바닥을 긁기도 한다는 말을 들은 터라 내심 걱정이 되었다. 그런데 다소 불안해하시던 어머님께서는 기도를 받으신 이후 아주 편안해지셨다. 천국의 소망이 더욱 분명해 지신 것이다.

사람들이 문병 왔다 돌아가면서 뜻밖의 편안한 모습에 놀랄 만큼 어머님은 주님 주시는 평안 가운데 이생에서의 마지막 나날을 지내셨다. 그러던 어느 날 어머님께서 부르셔서 갔더니 헌금 봉투를 내미셨다. 당신께서 연말까지 내기로 작정하신 헌금을 미리 봉투에 담아두셨던 것이다.

그리고는 장례 절차에 관해 담담히 말씀을 하셨다. "차는 이렇게 준비하고, 김치는 이러이러한 걸로 미리 담가 놓고..." 눈물을 삼키면서 그렇게 하겠노라고 말씀을 드렸다.

이후 어머님께서는 고통을 줄이기 위해 병원에서 처방해준 약을 일체 거절하시고 조용히 하나님 만날 준비를 하셨다. 그렇게 사랑하고 존경하는 내 어머니, 삼십 초반에 과부가 되어 육십 일세에 이르기까지 오직 주님만 의지하고 주님을 친구삼아 참으로 복된 삶을 사셨던 고 이분순 권사는 온 식구들과 친지 그리고 교회 식구들이 찬송을 부르는 가운데 하나님의 강한 손에 붙들려 흔들림 없이 천국에 입성하셨다.

나는 어머님께서 병을 얻으시고 돌아가시기까지의 모든 과정을 지켜보면서 천국을 보았다. 그리고 하나님께서 당신의 사랑하는 자녀를 끝까지 책임지신다는 말씀이 무엇을 의미하는지 확실히 알게 되었다. 영생은 있다.

예수께서 이 땅에 오셔서 가장 처음 하신 말씀은 바로 "회개하라 천국이 가까이 왔느니라"라는 말씀이다. 예수님께서는 당신의 나라를 우리에게 주시려고 이 땅에 오셨다. 우리와 영원토록 함께 하고 싶으셔서 우리 곁을 찾아오신 것이다.

그렇다. 하나님 아버지께서 우리 모두에게 가장 주고 싶으신 것은 다름 아닌 영생이다. 돈이 아니다. 쾌락이나 명예가 아니다. 세상 권세가 아니다. 하나님은 우리와 영원히 함께 하기를 원하신다. 그러기에 한국교회 초기 거리에서 복음을 전하던 전도인들의 외침은 한결같이 '예수 천당, 불신 지옥'이었다.

바울은 예수님의 부활을 증거 하면서 이렇게 말한다. "그리스도께서 만일 다시 살아나지 못하셨으면 우리가 전파하는 것도 헛것이요 또 너희 믿음도 헛것이며... 너희가 여전히 죄 가운데 있을 것이요, 또한 그리스도 안에서 잠자는 자도 망하였으리니 만일 그리스도 안에서 우리가 바라는 것이 다만 이 세상의 삶뿐이면 모든 사람 가운데 우리가 더욱 불쌍한 자이리라"(고후 15:14-19).

영생은 있다

영생이 없다면 그리스도인들처럼 불쌍한 사람들도 아마 없을 것이다. 왜 그런가? 믿는 자는 영원한 나라를 바라보면서 주님 주신 십자가를 달게 지고 가는 사람이기 때문이다. 믿는 자의 모든 가치관은 하나님 나라에 그 초점이 맞추어져 있기에 여느 사람들처럼 세상이 주는 기쁨과 만족을 위해 살지 않기 때문이다.

그런데 감사한 것은 예수께서 부활하셔서 하나님 나라에 이르는 길이 되어주셨고, 믿는 자는 누구든지 새로운 피조물이 되어 지금부터 영원토록 영생을 살아갈 수 있게 되었다는 것이다.

그렇다면 예수를 믿는 자로서 나는 과연 하나님 나라에 합당한 삶을 살아가고 있는가, 나는 지금 영생의 소망과 그 능력 가운데 살아가고 있는가. 나는 지금 하나님 나라에 들어갈 준비가 되어 있는가, 하나님 부르실 때 '아멘'하고 모든 것을 다 내려놓고 홀가분한 마음으로 떠날 수 있는가.

한 부유한 농장 주인이 존 웨슬리를 자기 집에 초대했다. 두 사람이 말을 타고 하루 종일 돌아다녔지만 그 사람이 소유한 땅의 일부밖에 보지 못했다. 날이 저물어 농장 주인이 자랑스럽게 말했다. "웨슬리 선생님, 제 농장을 구경한 소감이 어떠세요?" 잠시 침묵이 흐른 후에 존 웨슬리는 이렇게 대답했다. "이 모든 것을 남겨 두고 떠나시려면 굉장히 힘들겠네요."

성경은 우리에게 이렇게 권면하고 있다. "우리의 시민권은 하늘에 있는지라 거기로부터 구원하는 자 곧 주 예수 그리스도를 기다리노니"(빌 3:20).

"그러므로 너희가 그리스도와 함께 다시 살리심을 받았으면 위의 것을 찾으라. 거기는 그리스도께서 하나님 우편에 앉아 계시느니라. 위의 것을 생각하고 땅의 것을 생각하지 말라. 이는 너희가 죽었고 너희 생명이 그리스도와 함께 하나님 안에 감추어졌음이라"(골 3:1-3).

그렇다. 그리스도인은 우리의 길이요 진리요 생명 되시는 예수 그리스도를 모시고 하나님의 뜻을 이 땅에 이루기 위해 최선을 다하는 동시에 천국의 소망을 가지고 날마다 본향을 바라보며 살아가는 사람들이다.

2

하나님께서
내 삶을
책임지신다

우리의 현실은 어떠한가. 과연 우리는 지금 예수께서 다시 오심을 기다리고 있는가. 위의 것을 찾고 위의 것을 생각하며 살아가고 있는가.

필자가 모 은행 인력개발팀 과장으로 재직하던 중 하나님의 부르심을 따라 신학을 하기로 결단하고 사표를 내자 주변 사람들이 우려하는 눈초리로 바라보기 시작했다. 몇몇 사람들은 조심스레 말을 건넸다. "아니, 김 과장, 목사 노릇하면 밥 먹는 것도 어렵다고 하던데 괜찮겠어? 사십이 다 돼 가는 나이에 신학을 해서 어떻게 하려고 그래? 지금이라도 다시 생각해봐." 어떤 분은 얼마 안 있어 명예

퇴직 제도가 생기는데 그 때가 되면 퇴직금을 지금보다 두 배는 더 받을 수 있게 될 것이라면서 은근히 퇴직을 만류하기도 했다.

일일이 찾아다니며 내 생각을 다 밝힐 수가 없어서 편지를 써서 주변 사람들에게 돌렸다. 편지의 골자는 이것이다. 하나님께서 나를 부르셨다. 나는 미래를 알 수 없다. 하지만 단 하나 내가 아는 것은 나를 부르신 하나님께서 내 삶을 책임지실 것이라는 것이다. 나는 하나님을 믿고 지금까지 살아왔고 앞으로도 그럴 것이다.

주님께서 말씀하셨다. "그런즉 너희는 먼저 그의 나라와 그의 의를 구하라. 그리하면 이 모든 것을 너희에게 더하시리라. 그러므로 내일 일을 위하여 염려하지 말라. 내일 일은 내일 염려할 것이요, 한 날의 괴로움은 그 날로 족하니라" (마 6:33-34).

성경을 보라. 출애굽한 백성들 중에 어른만 60만이나 되는 그 많은 사람들이 척박한 땅 광야에서 대체 어떻게 생명을 유지할 수 있었는가. 하나님께서 친히 먹여 주셨다. 하나님께서 그들의 옷이 낡지 않게 하셨고 신발이 닳지 않게 하심으로 그들이 그 힘든 시절을 견딜 수 있게 하셨고, 매일매일 만나를 내려주셔서 그들로 하여금 하나님만 믿고 의지하며 살게 하셨다.

하나님께서는 당신의 종 엘리야가 여러 날 굶어 지쳐있을 때 까

마귀를 보내서서 그가 음식을 먹고 기운을 차릴 수 있게 하셨다. 하나님께서는 또한 사르밧 과부가 마지막 남은 음식을 먹고 죽음을 기다릴 수밖에 없는 그 절박한 순간에 당신의 종 엘리사를 보내 그 집의 기름이 떨어지지 않게 하셨고 그 집의 가루가 바닥나지 않도록 역사하셨다.

예수님은 어떠신가. 산 위에 올라 말씀을 전하시는 순간에도 주님의 마음은 끼니를 제때 잇지 못하는 사람들에게 가 있었다. 주님은 도시락 하나로 5천명도 넘는 사람들 모두 배부르게 하셨다. 주님은 지금 이 시간에도 우리의 형편과 처지를 살피시고 우리가 사는 데 필요한 모든 것들을 풍성하게 채워주기 원하신다.

1994년 2월말 은행을 그만두고 그해 3월 2일, 신학대학원에 입학한 이후 2015년 7월 글을 쓰고 있는 오늘에 이르기까지 강산이 두 번 변하는 세월을 지나는 동안 하나님께서는 당신의 약속을 분명히 지켜주셨다. 하나님께서 내 삶을 확실히 책임져 주셨다.

그렇다. 하나님은 우리의 삶을 책임져 주신다. 우리 앞에 살 길을 열어주셔서 평안하게 살게 하신다. 우리의 생명은 하나님께 있다.

그렇다면 왜 하나님께서는 먼저 그 나라와 그의 의를 구하라고 하신 것일까. 왜 이 땅에 사는 동안 천국 소망을 가지고 살게 하신 것일까. 천국 소망이 분명한 성도라야 이 땅에서 하나님의 뜻을 따라 살 수 있기 때문이다. 천국을 사모하는 자라야 주님 말씀처럼 이 땅에서 빛으로 소금으로 온전한 삶을 살 수 있기 때문이다. 먼저 그 나라와 의를 구하는 사람만이 자신에게 주어진 것들을 하나님 기뻐하시는 뜻대로 사용할 수 있기 때문이다.

영생은 있다

3
하나님과
돈
사이에서

창세기 14장에서 우리는 선택의 기로에 놓인 믿음의 조상 아브라함을 만나게 된다. 하나님을 택할 것인가 돈을 택할 것인가. 그가 그돌라오멜 왕이 이끄는 연합군을 무찌르고 돌아오는 길에 그를 영접하러 나온 소돔 왕은 그에게 파격적인 제안을 한다.

"사람은 내게 보내고, 물품은 네가 가져라"(창 14:21). 졸지에 한 몫 잡을 수 있는 절호의 기회를 맞이한 아브라함, 그런데 그에게서 나온 대답은 참으로 뜻밖이었다. "소돔 왕, 당신에게 속한 것은 단 한 푼도 받지 않겠다"(창 14:21, 저자 의역).

그는 굴러온 복을 발로 차버렸다. 왜 그는 그런 어리석은 선택을 했던 것일까. 그는 하나님과 돈 사이에서 하나님을 붙들었던 것이다. 그의 선택의 의미는 이런 것이다. "나를 살게 하시는 분은 하나님이시다. 나는 하나님을 의지해서 지금까지 살아왔고 앞으로도 그럴 것이다. 하나님께서 내 삶을 책임져 주실 것이다. 나는 오직 그분만을 믿고 의지할 것이다. 소돔 왕, 당신 사람 잘못 봤어."

막상 큰 소리를 치기는 했지만 왕의 제안을 거절한 후폭풍에 대한 약간의 두려움이 그에게 있었을 것이다. 그럴 즈음 그의 결단을 보시고 감격하신 하나님께서 그에게 나타나 말씀하셨다. "아브람아 두려워하지 말라. 나는 네 방패요 너의 지극히 큰 상급이니라"(창 15:1).

과연 먼저 그 나라와 그의 의를 구한 그에게 하나님께서는 그의 모든 필요를 다 채워주셨을 뿐 아니라 그에게 주변 왕들도 함부로 할 수 없을 만큼 커다란 부와 권세를 허락하셨다.

아브라함처럼 우리 역시 하나님과 돈 사이에서 갈등할 때가 있다. 눈에 보이지도 않는 하나님을 의지할 것인가 아니면 당장 내 손에 쥐어져 나를 든든하게 해줄 것으로 여겨지는 돈을 의지할 것인가.

자고로 대부분의 사람들은 보이는 돈을 의지한다. 그러나 아브라함과 같은 몇몇 믿음의 사람들은 하나님을 선택한다. 성경은 이에 대해 뭐라고 말씀하고 있는가.

"부자 되기에 애쓰지 말고 네 사사로운 지혜를 버릴지어다. 네가 어찌 허무한 것에 주목하겠느냐 정녕히 재물은 스스로 날개를 내어 하늘을 나는 독수리처럼 날아가리라"(잠 23:4-5).

아브라함은 이러한 진리를 잘 알고 있었기에 조카 롯에게 우리 식으로 하면 강남 요지에 해당하는 값비싼 부동산을 흔쾌히 양보할 수 있었던 것이다. 이 땅의 재물이 아니라 영원하신 하나님만 의지하는 그의 넉넉한 믿음의 고백을 들어보라.

"네 앞에 온 땅이 있지 아니 하냐 나를 떠나가라 네가 좌하면 나는 우하고 네가 우하면 나는 좌하리라"(창 13:9).

부와 재물은 영원하지 않다. 그러나 하나님을 믿고 의지하는 가운데 그의 말씀에 순종하며 사는 자를 하나님께서 영원히 복되게 하실 것이다. 이러한 진리를 아는 사람이 남들처럼 돈에 목숨을 걸수 있겠는가. 수단방법 안 가리고 돈을 잔뜩 벌어서 보란 듯이 떵떵거리며 사는 것을 삶의 목표로 삼을 수 있겠는가.

모세는 애굽의 공주의 아들이라 칭함 받는 것을 거절하고 하나님의 백성으로 살아가기로 결심했다. 요세푸스에 의하면 당시 모세를 키워준 여인은 바로의 무남독녀 외딸 테르므티스 공주였다. 모세가 잘만하면 바로의 후계자가 될 가능성도 없지 않았던 것이다.

그런데 그는 그 자리를 박차고 나와서 당시 애굽에서 노예 생활을 하고 있던 자기 민족과 함께 고난 받는 길을 선택했다. 왜 그는 그처럼 어리석은 선택을 한 것일까. 당대 최고의 문화를 향유하는 가운데 왕실에서 호의호식하며 편안하게 살 수 있었을 텐데 도대체 왜 그 모든 것을 버리고 천하디 천한 노예들과 운명을 함께 하기로 한 것일까.

히브리서 11장 26절은 그 이유를 이렇게 밝히고 있다. "그리스도를 위하여 받는 수모를 애굽의 모든 보화보다 더 큰 재물로 여겼으니 이는 상 주심을 바라봄이라." 그는 두 가지를 놓고 비교했다. 무엇이 참으로 나에게 유익한 것인가. 무엇이 영원히 잘 사는 길인가. 기도하며 신중히 생각한 끝에 지혜로운 그는 더 좋은 것을 선택했던 것이다.

모세는 지금 당장의 만족보다는 영원한 기쁨을 맛보기 원했다. 지금 당장 잘 사는 것보다는 영원히 잘 사는 길이 무엇인가를 생각했다. 지금 당장의 쾌락과 안일보다는 하나님 나라에서의 영원한 안식을 사모했다.

영생은 있다

하나님과 돈 사이에서 그는 하나님을 붙잡았다. 그의 선택은 탁월한 것이었다. 예나 지금이나 하나님을 선택하고 먼저 그 나라와 그의 의를 구하는 삶을 사는 사람의 삶을 하나님께서 책임져 주신다. 하나님을 목자로 모시고 사는 사람의 삶에 아무 부족함이 없도록 하나님께서 넉넉히 채워주실 뿐 아니라 그의 인생을 하늘의 별처럼 빛나게 하신다.

성경의 인물 대부분이 장점과 더불어 단점을 지니고 있는데 반해 단점을 거의 찾아보기 힘든 인물이 있다. 그는 바로 느헤미야이다. 느헤미야의 삶을 보면서 리더십에 대한 많은 통찰력을 얻기도 하고 그의 기도생활을 보며 영감을 얻기도 한다. 그런데 그의 물질생활 또한 모든 믿는 이에게 귀감이 되는 것을 볼 수 있다.

그는 유다 총독으로 부임해서 재직하는 13년 동안 총독으로서 당연히 받을 수 있는 봉급을 받지 않았다. 왜 그렇게 했는가. 이미 가진 재산이 넉넉해서 그것으로 충분히 살 수 있었기 때문인가. 그보다 훨씬 더 부한 자들도 백성들의 주머니를 털어 자기 배 채우는 일에 혈안이 된 것을 보면 반드시 그런 것만은 아니다.

"나보다 먼저 있었던 총독들은 백성에게서 양식과 포도주와 또는 사십 세겔을 그들에게서 빼앗았고 또한 그들의 종자들도 백성을 압제 하였으나 나는 하나님을 경외하므로 이같이 행하지 아니하고”(느 5:15).

그는 하나님을 경외하는 사람이었다. 그는 백성들의 고난을 보며 하나님의 마음을 품게 되었고 그들을 향한 연민의 마음으로 그들이 당하는 고난에 조금이나마 동참하기로 결심했다. 그는 어려운 형편에 처한 대다수의 백성들을 보면서 자신만 호의호식 할 수는 없다고 생각했던 것이다.

그는 또한 가난한 자들이 먹고 살기 위해 헐값에 내놓은 부동산을 마구 사들였다가 후일 비싼 값에 되팔아 치부하는 파렴치한 짓을 하지 않았다.

시세보다 훨씬 싼 값에 내놓은 부동산이 부자들에게는 재산을 늘릴 수 있는 너무나도 좋은 기회였을 것이다. 그러나 느헤미야는 그렇게 해서 치부하는 것은 지도자의 도리가 아니며 하나님이 기뻐하시는 일이 아니라고 생각했다.

어려운 형편에 있는 자들의 그 궁색한 처지를 이용해서 치부하기는커녕 그는 오히려 자신의 재산을 털어 총독의 공무를 집행했다.

“또 내 상에는 유다 사람들과 민장들 백오십 명이 있고 그 외에

영생은 있다

도 우리 주위에 있는 이방 족속들 중에서 우리에게 나아온 자들이
있었는데 매일 나를 위하여 소 한 마리와 살진 양 여섯 마리를 준비
하며 닭도 많이 준비하고 열흘에 한 번씩은 각종 포도주를 갖추었
나니 비록 이같이 하였을지라도 내가 총독의 녹을 요구하지 아니하
였음은 이 백성의 부역이 중함이었더라"(느 5:17-18).

그는 하나님과 돈 사이에서 하나님을 붙잡았다. 하나님께서는
당신을 믿고 의지한 느헤미야의 삶을 밤이 깊으면 깊을수록 더욱
찬란하게 빛을 발하는 별처럼, 그렇게 하나님을 경외함이 사라지고
영적 흑암이 깊게 드리워진 그 시대에 하나님의 영광의 빛을 만방
에 드러낼 수 있도록 높이 세워주셨다.

4

황당한
십일조

필자가 퇴직할 무렵 당시 출석하던 교회가 건축을 앞두고 있었
다. 어느 날 담임 목사님께서 설교 가운데 이런 말씀을 하셨다. "여
러분, 우리 하나님을 위해 전 재산의 십일조를 한번 드려봅시다." 말
씀을 듣는 순간 내 속에서 컴퓨터가 돌아가기 시작했다. '우리 집 전
세금에다가 은행에서 퇴직금으로 받은 돈을 합하면 약 6천만 원이
되는 구나. 그러니까 십분의 일이면 6백만 원을 내면 되겠네.'

집사람도 당연히 내는 것으로 알고 있었기에 우리는 전 재산의
십분의 일에 해당하는 액수만큼 수표를 끊어 다음 주에 헌금을 했
다. 특별히 대단한 일을 한다는 생각도 없었고, 엄청난 희생을 한다

영생은 있다

는 생각은 더더욱 없었다. 요즘 성도들에겐 조금 황당하게 들릴 수도 있겠지만 당시 목사님 말씀을 하나님 말씀으로 듣고 그대로 순종했을 뿐이다.

헌금을 드리고 21년이 지난 지금까지 쌀이 없어 끼니를 거른 적 없고, 학비가 없어 아이들을 학교 보내지 못한 일도 없었으며, 돈 때문에 하고 싶은 일을 하지 못하는 일은 일어나지 않았다. 수년전 막내아들이 대학과정을 모두 마치기까지 하나님은 나의 아버지가 되셔서 나의 모든 필요를 아시고 그때 그때 부족함 없이 다 채워주셨다.

특별히 필자가 성경을 좀 더 공부하기 위해 목사 안수 직후 미국 몬타나로 유학을 떠났을 때 하나님께서는 큰 누님과 어릴 적 친구 유중모 그리고 교회 식구들과 고등학교 동창들 그리고 직장 동료들과 어릴 적 출석하던 모 교회 장로님들에 이르기까지 주변에 있는 사람들을 동원하셔서 십시일반 국내에서 생활하는 우리 가족의 생활비와 내가 공부하는 데 필요한 모든 비용을 그야말로 후히 되어 흔들어 넘치도록 채워주셨다.

그중에 한 가지 기억에 남는 에피소드가 있다. 당시 부목사로 사역하던 교회에 사표를 내고 마지막 인사를 하기 위해 마당에 서 있는데 한 할머니가 내 손을 꼭 붙잡으시며 말씀하셨다. "이거 내가 보관하고 있던 미국 돈인데 목사님 공부하는데 보태 쓰면 좋을 것 같아 가지고 왔어."

할머니가 돌아가신 뒤 약간의 기대감을 가지고 꼬깃꼬깃 접힌 돈을 펼쳐보니 1불짜리였다. 순간 가슴이 뭉클해졌다. '아, 이 귀한 것을 쓰지 않고 보관하셨다가 나를 위해 내놓으셨구나.' 나는 그 자리에서 결심했다. '할머니, 사랑에 보답하기 위해 열심히 공부하겠습니다.'

공부를 마치고 돌아왔을 때 집사람은 통장을 꺼내 보여주면서 이렇게 말했다. "하나님께서 우리 가정에 필요한 것을 다 아시고 많지도 적지도 않게 정확하게 채워주셨어요. 이게 그 증거에요."

어떤 분은 한 달에 만원, 어떤 분은 석 달에 십 만원, 어떤 분은 백만 원, 이 모양 저 모양으로 통장에 적힌 한 줄 한 줄의 기록은 하나님의 살아 역사하심을 생생히 증거하고 있었다. 그것은 또한 나와 우리 가족을 향한 하나님의 사랑의 징표였다.

지금 돌아보면 그 황당한 십일조 사건과 미국 유학 시 여러 손길을 통해 나와 우리 가족의 필요를 넉넉히 채워주신 일은 오직 하나님만 의지하고 그 은혜 가운데 살게 하시려는 하나님의 섭리였다.

영생은 있다

1. 예수께서는 왜 가장 먼저 천국에 관한 말씀을 하셨다고
   생각하십니까? (마 4;17, 막 1;15).

2. 지금까지 내 삶을 책임져 온 것은 무엇이었다고 생각하
   십니까?

3. 하나님께서 내 삶을 책임지신다는 것을 분명하게
   느낀 일이 있으십니까?

4. 예수께서 말씀하신 '먼저 그 나라와 의를 구하는 삶'을
   살기 위해 나에게 필요한 변화가 있다면 무엇인지
   생각해 봅시다.

chapter

02

염려하지 말라

왜 꼭 남들과 같은 옷을 입고, 같은 신발을
신어야 하는가. 탐욕이 우리를 불행으로
끌고 가고 있다. 누가 이 탐욕을 벗어나 진리
안에서 자유를 누리며 복된 삶을 살아갈
것인가. 지금은 그 어느 때보다 분별력이
필요한 때이다

염려하지
말라

하나님은 우리의 창조주가 되시며 주권자도 되시고 공급자도 되신다. 우리를 지으신 분이 하나님이시고, 우리를 높이기도 하시고 낮추기도 하시는 분이 하나님이시다. 회사의 상사가, 내 윗사람이, 거래처나 손님이 나를 살리고 죽일 수 있는 것처럼 보이지만 하나님께서 그 사람들을 통해 일하고 계심을 알아야 한다.

하나님은 또한 우리의 필요를 다 아시고 때마다 채워주신다. 회사 사장이 월급을 주니 그 사람이 내 삶을 좌지우지 하는 것처럼 보이지만 하나님께서 그 사람을 통해 우리를 살게 하신다는 사실을 잊지 말아야 한다.

이러한 사실을 믿지 못하고 생사가 자신에게 달린 것처럼 늘 염려와 불안 가운데 지내는 자들에게 주님은 비유를 통해 말씀하신다. "저 공중에 날아다니는 새를 봐라. 누가 먹이냐? 저 들판에 자라는 백합화를 봐라. 누가 기르냐? 하늘에 계신 하나님 아버지께서 그모든 것들을 먹이시고 입히신다. 하물며 당신의 형상을 따라 지으신 당신의 자녀 된 너희들을 버려두시겠느냐?"(마 6:25-26, 필자 의역).

비유를 통해 하늘 아버지께서 자녀들의 삶을 책임지신다는 사실을 알려주신 예수께서 안타까운 심정으로 이렇게 말씀하신다. "그런데 왜 염려하느냐?"

하나님께서 생명을 주셨다. 하나님께서 아름다운 산천초목을 허락하셔서 지친 몸과 마음이 쉼을 얻게 하신다. 하나님께서 맑은 공기를 주셔서 숨 쉬게 하시고, 생수를 마시게 하신다. 하나님께서 때로는 비를 내리시고 때로는 바람이 불게 하셔서 자라게 하시고 또한 견고케 하신다. 하나님께서 우리 모두에게 제각기 살 길을 열어 주신다. 어려울 때 피할 길을 내시고 돕는 손길을 보내 주신다. 필요한 물질을 때를 따라 공급해주신다.

그런데 간혹 이런 사람이 있다. 내가 내 힘으로 뼈 빠지게 노력해서 돈을 벌었으니 내 돈이지 어떻게 하나님 돈인가. 과연 그럴까?

"그러나 네가 마음에 이르기를 내 능력과 내 손의 힘으로 내가 이 재물을 얻었다 말할 것이라. 네 하나님 여호와를 기억하라. 그가 네게 재물 얻을 능력을 주셨음이라"(신 8:17,18).

생각해 보면 돈을 벌 수 있는 지혜와 능력도 하나님이 주셨고, 일을 하기 위해 꼭 필요한 사람을 만나게 하신 분도 하나님이시며, 돈을 벌 수 있는 여건과 환경을 만들어 주신 분 역시 하나님이심을 부인할 수가 없다. 그러니 나의 나 된 것은 하나님의 은혜요, 내 손에 쥐어진 이 돈은 하나님 돈이라 고백하지 않을 수 없는 것이다.

이처럼 하나님을 주인으로 모시고 청지기로 살아가는 사람에게는 특징이 있다. 그것은 바로 염려하지 않는다는 것이다. 청지기란 주인의 것을 맡아 책임지고 관리하는 사람이다. 청지기는 본래 자기 소유가 없다. 청지기가 지금 하는 일 역시 주인이 그에게 맡겨 주신 일, 즉 주인의 일이다.

따라서 청지기가 사는 데 필요한 모든 것은 다 주인이 마련해 줄 책임이 있다. 청지기는 무엇을 먹을까 무엇을 마실까 염려하지 않는다. 그것을 염려해야 할 분은 바로 주인이기 때문이다.

일을 시키신 분이 일하는 데 필요한 모든 것을 다 대주는 것은 너무도 당연한 일 아닌가. 청지기는 주인이 주시는 대로 많으면 많은 대로 적으면 적은 대로 감사한 마음으로 받아 살아갈 뿐이다.

염려하지 말라

청지기는 또한 맡은 일에 충성할 뿐이다. 다른 사람과 비교하면서 '왜 나는 이 모양일까. 왜 나는 이렇게 밖에 못 사나'라고 사서 고민하지 않는다. 어차피 이 땅에 사는 동안 주인이 맡겨주신 것을 가지고 사는데 자기 것도 아닌 주제에 비교하는 게 무슨 의미가 있다는 말인가.

간혹 집 평수를 비교하는 사람에게 필자는 이렇게 말한다. "눈 감으면 다 똑같은데 집 크기를 비교하는 것이 대체 어떤 의미가 있습니까." 어떤 사람은 학벌을 자랑하고 어떤 사람은 집안을 자랑한다. 어떤 사람은 외모를 자랑하고 어떤 사람은 길바닥에 굴러다니는 자동차를 자랑한다.

필자는 이를 가리켜 '도토리 키 재기'라 말한다. 모두 다 소중한 하나님의 사람들이다. 각자 하나님의 일을 맡은 자로서 오로지 자신에게 주어진 것을 가지고 자신이 해야 할 일에만 충성하면 되는 것이다. 다른 사람 쳐다볼 필요가 없다. 하나님께서 종들에게 요구하시는 것은 큰 액수, 큰 업적이 아니라 충성 그 자체이기 때문이다.

무언가 일을 할 수 있다면 그 자체가 감사한 일이 아닐 수 없다. 세상 그 누구도 불필요한 사람은 없다. 각자 하나님께서 허락하신 것에 감사하고 자신이 맡은 일에 자부심을 가지고 임한다면 누구나 자신의 분야에서 있는 힘껏 일하는 가운데 기쁨과 보람을 맛보게 될 뿐 아니라, 하나님과 사람들의 인정을 받아 복된 삶을 살게 될 것이다.

따라서 청지기의 판단 기준은 오직 하나, 이것이 과연 주인이 기뻐하시는 것인가, 이것이 주인이 나를 통해 하고자 하시는 일인가 하는 것이다. 세상의 흐름에 발 빠르게 적응하는 게 중요한 것이 아니다. 주변 사람들의 박수 소리가 중요한 게 아니다.

오직 주인의 뜻이 중요할 뿐이다. 나는 지금 하나님만을 두려워하고 악을 미워하면서 그의 뜻을 따라 살고 있는가. 나는 지혜로운 청지기인가.

종교 개혁자 장 깔뱅은 기독교 강요 서문에서 이렇게 말한다.

"우리가 벌거벗었음을 인정함으로 하나님에 의해 옷 입혀지고, 우리에게 좋은 것 하나도 없음을 인정함으로 그에 의해 채워지고, 우리가 죄의 종임을 인정함으로 그에 의해 해방되고, 우리가 눈멀었음을 인정함으로 그에 의해 빛을 받고, 우리가 절름발이임을 인정함으로 그에 의해 바로 세워지고, 우리가 불구임을 인정함으로 그에 의해 부축되고, 우리에게 아무 자랑거리도 없음을 인정함으로 하나님이 영광 받으며, 그 안에서 우리도 영광을 받게 되는 것보다 무엇이 더 믿음에 합당한 것이겠는가."

이러한 진리를 따라 참으로 온전한 삶을 살았던 믿음의 선배가 있다. 바로 욥이다.

그는 자신의 모든 것을 다 잃은 후에 이렇게 고백했다.

염려하지 말라

"내가 모태에서 나왔사온즉 또한 알몸이 그리로 돌아가올지라. 주신 이도 여호와시오, 거두신 이도 여호와시오니 여호와의 이름이 찬송을 받으실 지니이다"(욥 1:21).

그의 고백은 다른 말로 하면 이것이다. "하나님 제 것은 모두 당신의 것입니다. 당신은 당신이 원하시는 대로 주시든지 가져가시든지 마음대로 하실 수가 있습니다. 저에게 있어 중요한 것은 하나님이지 하나님께서 저에게 당분간 맡기신 재물이 아닙니다. 따라서 저를 잠시 기쁘게 해주었던 재물을 당신이 거두어 가신다 해도 저는 당신을 버리지 않을 것입니다."

왜 살면서 염려와 걱정이 끊이지 않는가. 스스로 자기 삶의 주인이 되어 살아가기 때문이다. 하나님을 주인으로 모시고 청지기로 살아가는 사람은 염려하지 않는다.

그러나 청지기로 살아가는 사람이 염두에 두어야 할 것이 한 가지 있는데 그것은 바로 언제 어디에서 무엇을 하든 먼저 하나님의 나라와 그 의를 구하며 살아가는 것이다. 먹든지 마시든지 하나님의 영광을 생각하는 것이다. 청지기는 알고 있다. 주인의 영광이 곧 자신의 영광이라는 사실을.

2

우리는 지금
생각보다
잘 산다

우리는 지금 탐욕이 지극히 당연한 시대에 살고 있다. 다다익선, 무조건 지금보다 더 커지고 더 많아져야 한다. 이유 여하를 막론하고 지금보다 더 많은 돈을 벌어야 한다. 이것이 거의 모든 사람의 지상 과제요 역사적 사명이 되었다.

더 큰 집에 살고 싶고, 더 좋은 차를 타고 싶으며, 더 좋은 명품을 지니고 싶어 하는 것이 죄는 아니다. 그러한 욕심이 때로는 우리를 더 열심히 살게 하는 동기로 작용할 수도 있다. 그러나 문제는 이러한 탐욕으로 인해 우리가 스스로를 불행으로 몰아간다는 것이다.

염려하지 말라

필자의 어린 시절 최고의 소원은 한 번이라도 쌀밥에 김치를 놔서 먹는 것이었다. 아버님이 사기꾼에게 걸려 사업에 실패하시고 병을 얻어 삼십 중반에 돌아가신 뒤 우리 가족은 순식간에 노숙자가 되었다. 시장을 지어 가게들을 분양하고 커다란 인삼 밭을 운영할 만큼 떵떵거리며 살던 부호가 하루아침에 거리에 나앉게 되었으니 그 동네에서 어찌 얼굴을 들고 살 수가 있었겠는가.

　　삼십 초반에 졸지에 과부가 된 어머님과 슬하의 사 남매는 야반도주 하듯 고향땅 충남 부여를 등지고 서울행 야간열차에 몸을 실었다. 반겨주는 사람이 있어서도 아니고 딱히 먹고 살 길이 있어서도 아니었다. 그냥 그곳에 살 수 없으니 무작정 서울로 올라간 것이다.

　　그 당시 필자는 일곱 살이었는데 당시 필수품이었던 요강을 손에 들고 아무도 반겨주지 않는 썰렁한 서울역 광장에서 뭔지 모를 두려움에 막막해 하던 기억이 어렴풋하다.
　　당시 얼어 죽지 않으려고 국밥 한 그릇을 시켜 온 가족이 먹던 일은 아픈 추억이 되어 내 마음 한편에 남아 있다.

　　그렇게 시작된 서울 생활은 그야말로 죽지 못해 사는 것이었다. 무슨 밥 한 끼라도 제대로 먹을 수 있나, 변변한 방에서 두 다리 쭉 뻗고 잠을 잘 수가 있나. 당시 학교를 제때 들어가지 못해 잠시 거리에서 고려 은단을 받아다 행상을 하기도 했지만 고향 선생님의 주선으로 초등학교 2학년에 편입하게 된 것은 그야말로 하나님의 도우심이었다. 훗날 당시 나를 학교에 넣기 위해 어머니께서 마지막 패물이라 애지중지 하시던 반지를 파셨다는 이야기를 들었을 때 너무나도 마음이 아팠다.

동남아 여러 나라를 여행하다가 가끔 감회에 잠길 때가 있다. '아, 그 시절 나도 저렇게 힘들게 살았지. 저런 판자촌에서 여름이면 지하수가 역류해서 방안에 물이 한 가득 들어와 그 냄새 나는 물을 퍼내느라 정신없던 때가 있었지.'

우리는 지금 생각보다 훨씬 더 잘 살고 있다. 다만 우리가 스스로 만족하지 못하고 있을 뿐이다. 필자는 아침에 세수를 하기 전 거울을 보며 이렇게 말한다. "용수야, 너 참 출세했다. 하나님 은혜로 이만큼 누리며 살고 있으니 얼마나 감사하냐?"

겨울이면 더운 물이 콸콸 쏟아지고, 여름이면 시원한 에어컨이 돌아가 더위를 식혀 주며, 사시사철 먹을거리가 넘쳐나고, 집집마다 자동차가 즐비해서 시도 때도 없이 교통체증을 일으키고 있으며, 철따라 멋진 옷으로 갈아입을 수 있으니 이보다 더 복된 삶이 어디에 있을까.

염려하지 말라

유엔의 통계에 의하면 지금 이 순간에도 하루에 1불 즉 우리 돈 천원으로 하루를 살아가는 사람들이 지구상에 약 12억이 있다. 72억 인구 가운데 6분의 1이 하루 천원으로 생계를 이어가고 있다는 말이다. 상상을 초월하는 어마어마한 규모이다. 그런데 우리는 지금 어떠한가. 다이어트 식품, 건강 식단을 찾아 무엇을 먹을지 고민하고 있는 모습과 초등학생 손에까지 들려있는 스마트폰은 무엇을 보여주는 것인가.

성경은 탐욕을 가리켜 우상숭배라 말한다. 탐욕이 왜 우상숭배란 말인가. 탐욕은 하나님을 보지 않고 물질을 의지하기 때문이다. 자신을 살게 하는 것이 하나님이 아니라 재물이라 믿으며 정신없이 재물을 좇아 살기 때문이다.

탐욕이 얼마나 하나님 보시기에 무서운 죄인지를 알려면 기브롯 핫다아와를 보면 된다. 기브롯 핫다아와가 무엇인가. 이스라엘 백성들이 출애굽 이후 광야생활을 할 때 일이다. 그들이 하나님께 고기를 먹게 해 달라 울면서 간청을 하자 하나님께서 그 모습을 보시고 진노하셨다.

아니, 백성들이 고기 먹고 싶어 하는 게 무슨 큰 죄라고 진노하시는 것인가. 고기를 먹고 싶어 하는 것이 잘못이 아니라 그것을 구하게 된 동기가 문제였다. 그들이 그것을 구하게 된 동기를 성경은 이렇게 밝히고 있다.

"그들 중에 섞여 사는 다른 인종들이 탐욕을 품으매 이스라엘 자손도 다시 울며 이르되 누가 우리에게 고기를 주어 먹게 하랴"(출 11:4).

지금 그들이 굶어 죽을 지경인가. 아니다. 그들은 하나님께서 보내주시는 만나로 풍성하지는 않지만 아무 걱정 없이 살고 있었다. 고기는 먹으면 좋겠지만 먹지 않는다고 해서 큰 문제가 되는 것은 아니다. 그런데도 그들은 이방인들의 탐욕에 물들어 마치 고기를 먹지 못하면 곧 죽기라도 할 것처럼 울며불며 하나님께 매달렸다.

그들의 그러한 태도는 하나님을 믿고 따르지 못하는 것이요, 하나님을 자기 자녀들에게 고기 하나 먹이지 못하는 형편없는 분으로 업신여기는 것이었다. 그러기에 하나님은 그들의 모습을 보시며 진노하신 것이다. 하나님께서 그들에게 고기가 필요하다는 생각을 하셨다면 얼마든지 주셨을 것이다.

그러나 그들은 하나님의 때를 기다리지 못하고 그만 죄를 짓고 말았다.

그들의 탐욕은 그들의 기대처럼 그들에게 만족을 가져다주기는커녕 오히려 그들의 생명을 단축시키고 말았다. 그들이 오매불망

기다리던 메추라기 고기를 다 씹어 삼키기도 전에 하나님께서는 그들에게 큰 재앙을 내리셨다.

하나님이 주신 것에 만족하지 못하고 탐욕으로 하나님을 진노하게 했던 그들은 기브롯 핫다아와 즉 탐욕의 무덤을 이루어 오늘 우리 모두에게 이렇게 외치고 있다.

"여러분, 조심 하십시오. 하나님은 우리의 필요를 아시고 때를 따라 공급해 주십니다. 때를 따라 도우시는 하나님의 손길이 있기에 여러분도 지금 그만큼 살고 있는 것입니다. 세상 사람들은 탐욕을 당연하게 여깁니다. 더 큰 것을 추구하고 더 많은 것을 바라는 게 무슨 잘못이냐고, 탐욕이 우리를 더욱 잘 살게 만든다고 말하기도 합니다.

그러나 여러분 하나님의 뜻을 잘 분별하십시오. 하나님이 주신 것에 감사하지 못하는 것이 죄요, 하나님의 때를 기다리지 못하는 것이 죄임을 기억해야 합니다. 탐욕 때문에 죽은 우리의 무덤 기브롯 핫다아와를 결코 잊지 마십시오."

지금 우리는 생각보다 잘 살고 있다. 그런데 왜 전보다 행복해 보이지 않는 것인가. 왜 늘 못 살겠다는 말이 입에서 떠나지 않는 것인가. 탐욕이 문제다. 왜 꼭 최신 폰이어야만 하는가. 왜 꼭 학원에 가야만 하고, 왜 꼭 영어를 공부하기 위해 해외로 나가야만 하는가.

왜 꼭 맛집을 찾아가 먹어야 하는가. 왜 꼭 좋은 차를 타야하고 큰 집에 살아야만 하는가.

왜 꼭 남들과 같은 옷을 입고, 같은 신발을 신어야 하는가. 탐욕이 우리를 불행으로 끌고 가고 있다. 누가 이 탐욕을 벗어나 진리 안에서 자유를 누리며 복된 삶을 살아갈 것인가. 지금은 그 어느 때보다 분별력이 필요한 때이다.

3

단순한
삶이
아름답다

달리기 선수의 복장은 아주 단출하다. 왜 그런가. 목표 지점을 향해 달리는 데 꼭 필요한 최소한의 복장을 해야 하기 때문이다. 그렇다. 목표가 있는 사람은 삶이 단순하다. 이러한 것은 영생을 향해 나아가는 그리스도인에게도 그대로 적용이 된다.

광야 생활을 하는 이스라엘 백성들의 모습을 잠시 상상해 보자. 그들은 하나님께서 '가라' 명하시면 언제든 짐을 꾸려야 했다. 낮이든 밤이든 하나님의 구름이 떠오르면 곧바로 길을 나서야 했으니 조금이라도 지혜가 있는 사람이라면 최대한 짐을 줄이려 했을 것이다. 그들은 그야말로 최소한의 살림, 가장 간소한 차림으로 광야 이곳저곳을 옮겨 다니며 살았다.

성경은 예수 믿는 자를 가리켜 순례자 혹은 나그네라 부른다. 왜 그런가. 우리가 영원히 머물 곳은 이곳이 아니기 때문이다. 우리는 지금 본향을 향해 길을 가는 과정에 있기 때문이다. 그렇다면 본향을 향해 가는 나그네의 옷차림, 우리의 살림은 어떠해야 할까.

말할 필요도 없이 단순해야 한다. 성경은 이렇게 권면하고 있다. "우리가 세상에 아무 것도 가지고 온 것이 없으매 또한 아무 것도 가지고 가지 못하리니 우리가 먹을 것과 입을 것이 있은 즉 족한 줄로 알 것이니라"(딤전 6;7-8).

옷장을 한 번 열어 보자. 한 번도 입지 않은 옷이 인상을 쓰고 있지는 않은가. 신발장에 보면 일 년에 겨우 한두 번 신을까 말까한 구두가 쓰임을 받지 못한 채 풀이 죽어 있지는 않은가.

싱크대를 열어보자. 언젠가 사용하리라 생각하며 잔뜩 쌓아둔 그릇이 먼지만 소복이 쌓여 얼굴색이 변해 있지는 않은가. 여기 저기 경품으로 받아 온 물건과 선물로 받은 것들이 구석에서 "제발 날 좀 써주세요"라고 소리치고 있지는 않은가. 얼마 전에 사온 음식 재료가 냉장고 안에 들어있는 것을 모르고 다시 산 경험은 혹시 없는가. 다음에 먹으려고 보관해 둔 음식이 상해서 버린 일은 없는가.

분명한 것은 최근 1년 내에 단 한 번도 사용하지 않은 것이라면

염려하지 말라

앞으로도 사용할 일이 거의 없다는 점이다. 그들은 지금 자신들을 필요로 하는 새 주인을 찾고 있다.

초대 교회 성도들의 모습을 보면서 우리가 사는 모습을 많이 돌아보게 된다.

그들은 승천하신 예수 그리스도께서 성령을 통해 그들과 함께 하시는 놀라운 경험을 한 뒤 그 때까지 살아오던 방식과는 전혀 다르게 살기 시작했다. 그들의 변화된 모습을 이렇게 보여주고 있다.

"믿는 무리가 한 마음과 한 뜻이 되어 모든 물건을 서로 통용하고 자기 재물을 조금이라도 자기 것이라 하는 이가 하나도 없더라. 사도들이 큰 권능으로 주 예수의 부활을 증언하니 무리가 큰 은혜를 받아 그 중에 가난한 사람이 없으니 이는 밭과 집 있는 자는 팔아 그 판 것의 값을 가져다가 사도들의 발 앞에 두매 그들이 각 사람의 필요를 따라 나누어 줌이라"(행 4:32-35).

어떻게 이런 삶이 가능했던 것일까. 그들의 심령이 예수 사랑으로 충만했기 때문이다. 그들의 관심이 이 땅이 아니라 하늘을 향하게 되었기 때문이다. 그들의 마음이 어떻게 하면 여기서 잘 먹고 잘 살까 골몰하기보다는 천국에서 영원히 잘 사는 일에 모아졌기 때문이다.

그러기에 자기 재물을 자기 것이라 주장하지 않을 수 있었던 것이다. 그러기에 그들 사이에 가난한 사람이 스스로 가난하다는 생각이 들지 않을 만큼 하루하루 필요한 것들을 충분히 채워줄 수 있었던 것이다. 그러기에 그들 가운데 더불어 행복한 하나님의 나라가 이루어졌던 것이다. 그러기에 변화된 그들의 모습을 보면서 사람들이 줄지어 교회를 찾게 되었던 것이다.

지금으로부터 약 30년 전, 난생 처음 미국으로 여행을 했다. 약 2개월간 체류할 예정으로 출국을 하는 데 누가 보면 이민 가는 사람인줄 알았을 것이다. 그곳에서 생활하려면 이것도 필요할 것 같고 저것도 있어야 할 것 같아 이것저것 넣다 보니 가방이 터질 지경이 된 것이다. 돌아오는 길에는 선물까지 넣어 오느라 가방 하나를 더 사는 바람에 혼자 다루기가 힘들 지경이 되고 말았다. 그 때를 생각하면 절로 웃음이 나온다.

여행의 참 맛을 아는 사람은 짐이 단출하다. 짐이 가벼워야 여행을 제대로 즐길 수 있다는 사실을 경험을 통해 터득한 것이다. 그렇다. 정말 하나님의 진리 안에 살고 싶다면, 정말 하나님의 풍성한 은혜를 즐기고 싶다면, 그렇다면 단순하게 살아야 한다.

집은 두 다리 뻗고 잠을 잘 수 있으면 충분하고, 차는 목적지까지 이동할 수 있다면 그것으로 족하다. 옷은 추위와 더위를 피할 수 있다면 그것으로 충분하다. 하루 세 끼 걱정 없이 밥을 먹고 건강하게 활동할 수 있다면 더 바랄 게 뭐가 있겠는가.

단순해야 목표에 집중할 수 있다. 지킬 것이 많으면 신경 쓸 일이 그만큼 많아진다. 짐이 간단해야 여행하면서 다른 데 신경 쓰지 않고 순간순간 다가오는 경치를 즐기며 느긋하게 여행을 할 수가 있다. 가벼운 몸과 마음으로 다음 목적지로 향할 수가 있다.

집집마다 최신 자가용이 늘어서 있고, 비싼 음식을 파는 식당임에도 빈자리를 찾아보기가 어려우며, 얼마든지 쓸 수 있는 멀쩡한 물건들을 거리에 내다 놓는 모습을 보면서 우리가 지금 얼마나 풍요에 취해 단순한 삶에서 멀어져 있는지 생각하게 된다.

지금 우리의 짐이 필요 이상으로 너무 많지는 않은지 그래서 그것들에 마음을 빼앗겨 주님 주시는 참 평안과 행복을 맛보지 못하고 있는 것은 아닌지, 그래서 주님 따라 가는 길이 자꾸만 힘들게 느껴지는 것은 아닌지, 한번쯤 생각해 볼 일이다.

누구나 성 프란체스코처럼 살라는 것은 아니다. 그러나 믿는 자는 누구나 우리를 부르신 하나님 아버지의 뜻을 따라 살아야 하는 것은 분명하다.

그분의 뜻은 우리가 이 땅의 나그네와 순례자로서 단순한 삶을 사는 것이고, 사명에 집중해서 사는 것이다.

열심히 땀 흘려 돈을 벌되 주신 것에 감사하고 생명을 살리고 사랑을 실천하는 일에 우리의 시간과 물질을 사용하는 것이다. 왜냐하면 거기에 참 보람과 행복이 있기 때문이다. 그것이 바로 영원히 잘 사는 길이기 때문이다.

4

자신의 길을
가는 사람은
행복하다

왜 우리가 단순한 삶을 살지 못하는가. 왜 자꾸 다른 사람을 쫓아가는 것인가. 비교하기 때문이다. 비교하면 비참해 진다. 스스로 비참해 지고 싶다면 자꾸 다른 사람, 특히 주변에 잘 나가는 사람을 늘 부러워하면 된다. 그러면 확실히 비참하게 될 것이다.

기시미 이치로, 고가 후마타케 등이 지은 책 〈미움 받을 용기〉에서 저자는 이렇게 말한다. "자유를 얻으려면 대가가 따르기 마련이다. 남이 어떤 평가를 하든 마음에 두지 말라. 남이 나를 싫어해도 두려워하지 마라. 인정받지 못한다는 대가를 치르지 않고서는 자기 뜻대로 살 수 없다. 자유롭게 살 수 없다. 사람들은 대개 인간관계의

카드는 다른 사람이 쥐고 있다고 생각한다. 그래서 그 사람이 나를 어떻게 생각할까에 지나치게 신경을 쓰면서 바라는 것을 충족시키는 삶을 살게 되는 것이다. 우리는 타인의 기대를 만족시키기 위해서 사는 것이 아니다."

하나님께서 왜 사람을 지으시면서 한 사람도 같은 사람이 없게 하신 것일까. 사람을 상품이 아니라 작품으로 만드셨기 때문이다. 상품은 비교할 수 있다. 그러나 작품은 비교가 불가능하다. 누군가 피카소 작품과 모네의 작품을 비교하면서 이게 더 낫다는 이야기를 한다면 사람들이 그를 어떻게 보겠는가.

작품은 저마다 독특한 개성이 있고 저마다 특별한 매력을 지니고 있기에 다른 작품과 비교하는 것은 참으로 어리석은 일이 아닐 수 없다. 그러나 상품은 비교할 수 있다. 이 물건은 크기가 작니 크니, 성능이 좋으니 나쁘니, 값이 싸니 비싸니 얼마든지 얘기 할 수가 있다. 자신을 남과 비교하는 사람은 스스로를 상품으로 전락시키고 있는 것이다.

전 세계 사람들의 행복도를 조사한 결과를 보면서 뜻밖의 사실에 놀라곤 한다. 특히 저 히말라야 산속에 있는 '부탄'이라는 작은 나라 사람들이 스스로 행복하게 여기는 것을 보면서 의아한 생각이 든다.

연소득이 천 불 밖에 안 되는 나라, 그처럼 척박한 땅에 살면서 모든 것이 다 부족할 텐데 어떻게 그런 결과가 나오게 된 것일까. 지금 자신들이 누리는 것들이 사는 데 크게 부족하다는 생각이 들지 않기에, 그리고 주변에 있는 사람들과 엇비슷한 삶을 살면서 크게 시기 질투하는 마음이 들지 않아서 그럴 거란 생각을 해보았다.

그렇다면 왜 우리는 과거에 비해 경제적으로 훨씬 더 나아졌음에도 스스로 불행하게 여기는 것일까. 주변 사람들과 자신을 비교하기 때문이다. 자꾸만 내가 가진 것보다 더 큰 것이 보이고 새로운 제품들이 자꾸만 눈에 띄기 때문이다. 다시 말하지만 비교하면 비참해 진다.

모세가 하나님께 이름을 여쭈어 보았을 때 하나님께서는 이렇게 대답하셨다. "나는 나다"(출 3;14, 저자 의역). 하나님의 형상을 따라 지음 받은 우리 역시 스스로 하나님의 의식을 가지고 살 필요가 있다. 나는 나다. 내가 왜 당신을 따라가야 하는가. 내가 왜 남들처럼 살아야 하는가.

필자는 지금 전 교인 출석이 200명에 조금 못 미치는 아주 적절한 규모의 교회에서 목회하고 있다. 필자의 능력에 비해서는 사실 대형 교회다. 그런데 만일 필자가 온누리 교회 담임목사나 사랑의 교회 담임목사를 부러워하면서 자꾸 자신의 신세타령을 한다면 어찌 되겠는가. 아마도 얼마 못가서 모든 의욕을 상실하게 될 것이고, 정상적인 목회가 불가능하게 될 것이다.

그러나 참으로 다행인 것은 필자는 하나님이 주신 일터에 만족하고 있다는 것이다. 물론 대형교회 목회자들보다 사례가 적고, 아주 저렴한 차를 몰고 다니며, 소위 럭셔리한 양복이나 구두는 입거나 신어본 적이 없다.

하지만 하나님께서 붙여주신 성도들 대부분이 필자를 참으로 신뢰하고 사랑하고 있으며 주어진 여건 하에서 필자가 원하는 사역을 마음껏 펼쳐나갈 수 있기에 하루하루 감사한 마음으로 만족한 가운데 지내고 있다.

하나님께서 허락하신 길, 자신의 길을 기쁨으로 가는 사람은 행복한 사람이다. 그런 의미에서 필자는 참 행복한 목사다. 하나님과 사랑하는 가족 그리고 함께 사역하는 동역자들과 성도들에게 늘 감사하는 마음이 있다.

필자가 애독하는 책 가운데 M. M. 마고가 지은 〈그대가 성장하는 길〉이라는 책의 한 대목이다. "삶의 모든 재료는 당신 주위에 널려 있습니다. 그 재료들을 당신 성장을 위해 사용하십시오. 그것은 당신이 더욱 완전히 당신 자신이 되는 길이기 때문입니다. 최선의 당신, 가장 유일한 당신, 그 누구도 아닌 당신, 유사한 당신이 아니라 바로 진정한 당신 말입니다."

그렇다. 하나님께서는 누구나 하나님의 은혜 가운데 만족한 삶을 살 수 있도록 필요한 재료를 그 사람 주변에 이미 다 마련해 두셨다. 문제는 그것을 발견하지 못하거나, 혹 발견했다 하더라도 그것에 만족하지 못하고 자꾸 다른 것을 찾는 데 있는 것이다. 기억하자. 하나님은 당신의 자녀 된 우리의 필요를 이미 다 아시고 채워주신다. 그리고 하나님이 우리를 심어놓으신 곳이 우리에겐 최적의 장소이다.

그런데 우리로 하여금 나다운 삶에서 자꾸 이탈하도록 만드는 것들이 있다. 그게 무엇인가. 바로 여러 매체를 통한 광고다. 과거 광고는 새로 나온 제품이 얼마나 좋은 것인지를 소비자들에게 알리는 기능을 했다. 그러나 지금의 광고는 어떤가.

소비자들의 욕구에 부채질을 해서 지금 가지고 있는 것에 불만을 품게 한 다음 마치 새로운 냉장고를 구매하는 순간 행복이 찾아오고 새로 나온 승용차로 갈아타는 순간 누구나 꿈꾸는 멋진 인생이 금세라도 펼쳐질 것처럼 속삭인다. "바꿔! 바꿔! 당장 바꿔! 일단 사고 봐!"

여기에 소비자들은 잘도 넘어가서 한번 텔레비전에 소개가 되면 날개 돋친 듯 팔려나가니 거액의 광고비가 전혀 아깝지 않은 것이다. 성경은 우리에게 말하고 있다. "너희는 이 세대를 본받지 말고 마음을 새롭게 함으로 변화를 받아 하나님의 선하시고 기뻐하시고 온전하신 뜻이 무엇인지 분별하도록 하라"(롬 12:2).

분별력을 가져야 한다. 이것이 나에게 꼭 필요한 것인가. 나는 지금 하나님께서 주신 사명을 감당하기 위해 단순한 삶을 살고 있는가. 가장 중요한 일 즉 생명을 살리는 일을 위한 지출에 최우선의 순위를 두고 있는가. 혹시라도 불필요한 것들을 사는 바람에 정작 하나님 기뻐하시는 일을 위해 쓸 돈이 없는 것은 아닌가.

별로 자랑할 일은 아니지만 우리 집 냉장고는 주식회사 금성에서 나온 것으로 구입한 지 20년이 넘었지만 여전히 돌아가고 있다. 가구는 우리 집 사람이 시집올 때 해온 것이라 32년이 되었다. 약 2년 전 소위 평면 텔레비전이란 것을 구매했는데 부득이 살 수 밖에 없었던 이유는 전에 보던 것이 갑자기 화면이 나오지 않아서였다.

우리 집 나름의 제품 구매 원칙이 있다면 지금 사용하는 것들이 도무지 제 기능을 발휘하지 못할 때 비로소 새 것을 산다는 것이다.
20년 넘게 쉬지 않고 일한 냉장고가 가끔 신음소리를 내곤 하지만 아직 그런대로 제 기능을 다하고 있으니 살아 있는 녀석을 어떻게 내다버릴 수가 있단 말인가.

다산 정약용이 지은 〈목민심서〉에 보면 "節用爲樂施之本"이란 말이 나온다. '아껴 쓰는 일은 즐겨 베푸는 일의 근본이 된다'는 말이다. 다산은 자신이 귀양살이를 하는 동안 느낀 소회를 이렇게 밝히고 있다. "내가 귀양살이 하면서 언제나 수령들을 살펴보는데 나를 동정하고 도움을 주는 사람은 그 의복을 보면 반드시 검소한 것을 입었고, 화려한 옷을 입고 얼굴에 기름기가 돌며 음탕한 것을 즐기는 수령은 나를 돌보지 않았다."

직장생활을 할 때 자주 듣던 말이 있다. "이봐 자네 술 담배 안 하고 이 세상 무슨 재미로 사나?" 필자는 그 말에 이렇게 대답했다. "술 담배 안 하고도 너무 재미있는 일이 많은데 시간이 없어서 다 못 하고 있습니다."

하나님께서 맡겨주신 사명, 영혼을 구원하고 예수 사랑을 실천하는 일을 제대로 하려면 어떻게 먹고 싶은 것 다 먹고, 사고 싶은 것을 다 살 수가 있겠는가. 어떻게 남이 하는 것 다하면서 주어진 사명 즉 영혼을 구원하고 예수 사랑을 실천하는 그 모든 일들을 제대로 감당할 수가 있겠는가.

1. 최근 가장 걱정되는 일이 있다면 무엇입니까?

2. 예수께서는 왜 당신을 믿는 자들에게 "염려하지
   말라"고 강조하셨던 것일까요?(마6:19-34).

3. 주변 사람들과 자신을 자꾸 비교하고 유행을 따라가는
   것이 하나님의 자녀 된 나의 삶에 어떤 영향을 미치는
   지 생각해 봅시다.

4. 자족하는 삶을 살기 위해 내가 꼭 실천해야 할 것이 있
   다면 무엇이겠습니까?

염려하지 말라

진정한 성공

하나님께서는 우리가 남의 돈을 쓰고

눈치를 보면서 종처럼 사는 것을 기뻐하지

않으신다.

빛의
수렁에 빠진
세상

이 시대에 당연히 여기는 것은 탐욕뿐만이 아니다. 남의 돈 쓰는 것도 아주 당연하게 여긴다. 심지어 실컷 빚을 지고서는 나라가 갚아주지 않는다고 볼멘소리를 하는 사람도 있다. 큰 문제가 아닐 수 없다. 옛날 우리 조상들은 이렇게 말했다. "남의 돈 무서운 줄 알아라." 맞는 말이다.

그렇다면 성경은 부채에 대해 뭐라고 말씀하고 있는가. "부자는 가난한 자를 주관하고 빚진 자는 채주의 종이 되느니라"(잠 22:7).

옛날에 남의 종살이 하게 되는 경우가 두 가지 있었는데, 하나는 전쟁 포로가 되는 경우이고 다른 하나는 빚을 갚지 못한 경우였다. 물론 지금은 빚을 갚지 못한다고 해서 종이 되지는 않는다. 그러나 남의 돈을 쓰면 돈을 빌리는 순간 그 돈을 준 사람 혹은 기관에 심리적으로 종속이 된다.

빚을 지고 살아가는 사람에게 물어보라. 빚을 갚기 전까지 마음이 어땠는지. 결코 마음이 편할 수가 없다. 늘 뭔가가 누르고 있는 것 같다는 말을 하기도 한다.

왜 그런가. 돈에 눌려있기 때문이다. 하나님이 기뻐하시는 길에서 벗어나 있기 때문이다. 그렇다면 왜 빚을 지게 되는 것인가. 하나님께서 주신 것에 자족하지 못하기 때문이요, 탐욕의 무덤에 묻혀 있는 이스라엘 백성들처럼 조급한 생각에 하나님의 때를 기다리지 못하기 때문이다. 기억하자. 가난하기 때문에 빚을 지는 게 아니라 빚을 지기 때문에 가난해 지는 것이다.

남편은 대기업 부장이고 아내는 치과의사인 부부가 있다. 두 사람의 연봉을 합치면 2억이 훌쩍 넘는다. 그런데도 아내를 만날 때마다 그 입에서 "돈, 돈"하는 소리가 나온다. 늘 돈이 부족한 것이다. 이야기를 들어보니 그럴 만도 했다.

집안 살림을 위해 도우미를 고용하고, 아이들 사교육비를 지출

해야 하며, 철따라 해외여행을 다녀와야 한다. 게다가 고가의 명품으로 품위를 유지해야 하고, 사회적 위상에 걸맞게 고급 자동차도 굴려야 한다. 얼마 전 가격이 오를 것 같아서 사 놓은 아파트는 값이 오르기는커녕 대출 이자 부담만 늘어나고 있어 애물단지로 전락하고 말았다.

문제가 무엇인가. 예산을 세워서 규모 있게 산 것이 아니라 그저 일단 쓰고 본 것이다. 돈 문제는 더 많은 수입이 아니라 관리에 있다. 관리를 잘 하는 사람은 적은 수입으로도 넉넉하게 살아가지만 관리를 안 하는 사람은 제 아무리 수입이 많아도 방금 이야기한 부부처럼 늘 "돈, 돈"하면서 살 수밖에 없다.

간혹 자기 욕심으로 무모하게 일을 벌려 놓고는 하나님을 원망하는 사람들을 보게 된다. 능력도 되지 않는 사람이 잔뜩 빚을 내서 보란 듯이 큰 건물을 짓고는 결국 남의 손에 넘어가게 되자 그제야 하나님을 찾으면서 숨넘어가는 소리를 한다. 자신의 탐욕을 믿음으로 포장한 뒤에 주께서 책임져 주시기를 간구하는 것이다.

주님은 우리의 필요를 채워 주시겠다고 약속하신 것이지, 우리의 욕심과 탐욕을 만족시켜 주겠다고 약속하지 않았다는 사실을 잊지 말아야 한다. 자신의 탐욕을 믿음으로 포장하는 일은 하나님의 영광을 가리는 부끄러운 일이다.

돈 문제는 관리의 문제다. 그렇다면 어떻게 관리해야 하는가. 관리의 시작은 기록이다. 생각해 보라. 기록이 없는데 무엇을 보고 어떻게 관리를 할 수 있다는 말인가. 기록 없는 관리는 불가능하다. 가계부 기록의 필요성이 바로 여기에 있는 것이다.

가계부 이야기를 하면 듣는 사람의 십중팔구는 이렇게 말한다. "아니, 재미가 있어야 가계부를 쓰죠. 맨 날 적자인데." 바로 그렇기 때문에 더욱 써야 한다. 가계부 기록을 단순히 돈을 다 쓰고 나서 어디에 얼마나 썼는지를 기록하는 것으로 생각하는데 그건 하나만 보고 둘은 보지 못하는 것이다.

가계부를 쓰면 지금 우리 집 돈이 어디에서 얼마나 들어와서 어디로 얼마나 나가고 있는지가 보인다. 한 마디로 돈의 행방이 드러나는 것이다. 이러한 것은 기록을 하지 않으면 결코 보이지 않는다. 아울러 어느 부분에서 돈이 슬금슬금 새나가고 있는지도 알 수가 있다.

한 인터넷 사이트에 올라온 젊은 주부의 고백이다. "결혼 9개월 차 맞벌이 새댁입니다. 신혼 초 살 것도 많고 전세 자금 대출 등으로 지긋지긋한 할부와 대출이자 인생이 시작되었어요. 아긴다고 아꼈어도 꼭 필요한 것 살 때마다 할부 구매를 하는 바람에 카드빚이 늘어나 정말 힘들었습니다. 하지만 빚들을 정리할 수 있었던 것은 올해 초부터 남편과 함께 쓰기 시작한 가계부 덕인 것 같습니다. 가계부를 쓰면서 보험, 연금저축, 통장 계좌를 싹 정리하니까 눈먼 돈이 정리되고 빚을 갚으려면 계획을 어떻게 세워야 하는지 한 눈에 보이더군요. 가계부의 힘은 정말 어마어마한 것 같아요. 모든 카드 할부금 그리고 대출금도 5천만 원이나 갚았어요. 가계부 파이팅!"

"지혜 있는 자의 집에는 귀한 보배와 기름이 있으나 미련한 자는 이것을 다 삼켜 버리느니라"(잠 21:20).

밑 빠진 독에 물을 채우기 위해서 가장 먼저 해야 할 일은 무엇인가. 먼저 구멍을 때워야 한다. 밑으로는 줄줄 물이 새고 있는데 제아무리 위에서 많은 물을 퍼 담은 들 무슨 소용이 있겠는가. 그런데 우리 살림살이도 이와 같다. 돈 문제의 핵심은 더 많은 수입이 아니라 관리다.

바야흐로 저성장, 저소득, 저금리 소위 3저 시대가 되었다. 이러한 때 돈 버는 비결이 있다면 무엇일까. 지출을 줄여서 소득을 창출하는데 관심을 기울여야 한다. 지금도 빠듯한데 여기서 어떻게 더 줄이란 말인가. 과연 그럴까.

남에게 보이기 위한 과시성 지출, 예를 들어 결혼 비용에 대해 한번 생각해 보자. 미국의 경우 평균 결혼 비용이 3천만 원이라는 통계가 있다. 그렇다면 한국은 얼마일까. 한국은 5천만 원이나 된다. 미국의 소득을 감안한다면 결혼 비용으로 미국의 두 배가 훨씬 넘는 돈을 지출하고 있는 것이다.

왜 이런 일이 생기는 것인가. 체면과 욕심 때문이다. 이뿐 아니라 충동구매나 외식 그리고 분수에 넘치는 자동차 구매와 주택 구입 등에 쓰이는 돈, 그리고 경조사에 드는 비용 역시 마음먹기에 따라 얼마든지 줄일 수 있는 부분이다. 물질의 영 맘몬이 현대인의 탐심을 자극해서 부족한 부분을 쉽게 빚으로 충당하게 한 다음 평생 빚의 수렁에서 벗어나지 못하도록 안간힘을 쓰고 있다.

결혼자금, 자동차할부, 주택자금, 학자금, 사업자금 등등의 빚으로 허리가 휘게 만든다. 이러한 현상을 더욱 부추기는 것이 있는데 그것은 다름 아닌 신용카드이다.

뇌신경 학자들은 사람들이 카드를 사용할 때에는 현금을 사용할 때와 같은 고통을 느끼지 않는다는 것을 발견했다. 그러니 아무렇지 않게 카드를 쓰게 되고 그러는 사이에 살림은 어느새 적자를 향해 치닫게 되는 것이다.

필자는 은행 과장 출신임에도 교통 카드로 사용하는 카드 한 장을 비상용으로 남겨두고 나머지 카드는 모두 없애버렸다. 신용카드를 없애고 체크카드나 현금을 사용하면 부채가 늘어나는 것을 미연에 방지할 수가 있다. 지혜로운 사람은 사고가 나지 않도록 미리미리 대책을 강구해 둔다. 무작정 빚을 얻기 전 먼저 해야 할 일이 있다. 그게 무엇인가.

"그러므로 우리는 긍휼하심을 받고 때를 따라 돕는 은혜를 얻기 위하여 은혜의 보좌 앞에 담대히 나아갈 것이니라"(히 4:16).

필자가 존경하는 목사님 가운데 주 은혜 교회를 담임하시는 박영덕 목사님이란 분이 계시다. 수년전 교회 임대료와 사택보증금, 자녀학자금 등으로 쓸 돈 1억이 꼭 필요했다. 개척교회를 담임하는 목회자에겐 10억과 같은 돈이었다. 그런데 박 목사님은 여느 사람들처럼 은행을 찾아가거나 카드를 사용하는 대신 하나님께 매달리기 시작했다.

기도를 시작한지 약 3개월가량이 지났을 때 생명부지의 젊은이가 찾아와 오래전 박 목사님께서 인도하시던 집회를 통해 은혜를 받고 예수를 믿게 되었다면서 봉투 하나를 내미는 것이었다. 젊은이가 돌아간 뒤에 봉투를 열어보니 그 안에 1억이 들어 있었다. 알고 보니 미국에 사는 청년인데 한국에서 하던 사업을 정리하고 돌아가려던 차에 불현듯 목사님 생각이 나서 물어물어 찾아왔던 것이다.

진정한 성공

만일 그때 목사님께서 손쉽게 누군가에게 손을 벌리거나, 남들처럼 빚을 얻어 문제를 해결하려고 했다면 이후 어떻게 되었을까. 단언컨대 지금쯤 목사님은 빚의 수렁에 빠져 허우적거리고 있었을 것이다. 움직이면 움직일수록 더 깊이 빠지는 수렁에서 어찌 쉽게 빠져나올 수 있겠는가.

빚을 지지 않으려면 가장 먼저 절대로 남의 돈은 쓰지 않겠다고 결심하고 하나님의 은혜를 구하는 것이다. 만일 어쩔 수 없이 빌리게 되었다면 갚을 수 있는 한도 내에서 빌려야 한다. 그리고 주의할 것은 광고에 현혹되어 무절제한 소비 즉 충동구매를 하지 말아야 하고, 아무리 형편이 어려워도 사채나 대부업체는 결코 이용하지 말아야 한다는 것이다.

하나님께서는 우리가 남의 돈을 쓰고 눈치를 보면서 종처럼 사는 것을 기뻐하지 않으신다. 쉽게 남의 돈을 쓰고 맘몬의 종으로 살기 보다는 때를 따라 돕는 하나님의 은혜로 진리 안에서 자유를 누리며 하나님께서 내게 허락하신 것들에 자족하며 사는 것이 훨씬 복된 것임을 기억해야 할 것이다.

2

돈에서
자유롭게 되는
비결

돈에서 자유롭게 되는 비결이 있을까. 있다. 진리를 아는 것이다. 돈 문제는 돈으로 해결할 수 없다. 돈만 더 벌면 모든 문제가 해결될 것 같은 생각은 그야말로 착각이다. 마치 증상이 사라졌다고 병이 나은 것이 아닌 것처럼 잠시 형편이 나아지겠지만 근본 문제는 여전히 도사리고 있는 것이다.

오직 진리의 빛 가운데 사태를 직시할 때만 문제 해결의 실마리를 찾을 수 있다. 성경은 말씀한다. "진리를 알지니 진리가 너희를 자유롭게 하리라" (요 8:32).

진정한 성공

예수 그리스도를 믿고 주님을 자기 삶의 주인으로 모시고 사는 사람은 이렇게 고백하게 될 것이다. "주님, 주님은 나의 생명이십니다. 주님은 내 인생의 길이 되십니다. 주님은 내가 의지할 진리이십니다. 나의 모든 것 되신 주님, 나를 인도해 주옵소서." 이렇게 주님을 믿고 따르는 사람만이 돈의 노예가 아니라 돈의 주인이 되어 돈을 주님의 뜻대로 다스리며 살아갈 수 있다.

돈에서 자유롭게 되는 두 번째 비결은 자족하는 것이다. 누가 자족할 수 있단 말인가. 진리를 아는 사람이다. 진리를 모르는 사람, 그래서 오직 세상을 따라 육신의 정욕과 안목의 정욕과 이생의 자랑을 좇아 살아가는 사람은 마치 갈증을 해소하기 위해 소금물을 마시는 것처럼 결코 만족할 수가 없다.

참된 만족, 영원한 만족은 오직 진리 안에서 자족하는 사람에게만 가능하다. 이에 대해 성경은 이렇게 말씀한다. "이 세상도 그 정욕도 지나가되 오직 하나님의 뜻을 행하는 자는 영원히 거하느니라"(요일 2:17).

그렇다. 나에게 이 물질을 허락하신 하나님의 뜻을 알고 내가 지금 가진 것으로 얼마든지 하나님의 뜻을 이루며 살 수 있다는 사실을 알게 될 때 우리는 비로소 돈으로부터 자유로울 수가 있으며 주의 평안 가운데 든든히 살아갈 수가 있다.

하나님께서 넉넉히 부어주실 때에는 감사함으로 받아 누리면서 물질을 허락하신 하나님의 뜻에 따라 단순하게 살면서 어려운 이웃을 돌아보고 혹 부족하거나 궁핍 할 때에는 이미 허락하신 것들에 자족하며 알뜰하게 살아가는 사람을 이 세상 그 무엇이, 그 누가 감히 흔들 수 있단 말인가.

예수께서 말씀하셨다. "심령이 가난한 자는 복이 있나니 천국이 그들의 것이요"(마 5:3). 자신이 지금 지니고 있는 것에 감사하며 이후에도 하나님께서 나의 필요를 다 채워주실 것을 믿고 자족하며 살아가는 사람이야말로 심령이 가난한 사람이다. 이런 사람이야말로 이 땅에서 이미 천국 생활을 하고 있는 것이다.

예수께서는 우리가 헌금하는 것에 관심이 있으실까 아니면 없으실까. 무척 관심이 많으시다. 그걸 어떻게 알 수 있는가. 마가복음 12장에 보면 예수께서 성전 입구에 있는 헌금함 가까이 앉아 사람들이 헌금하는 모습을 한참동안 지켜보셨다는 기록이 있다.

그런데 예수께서 주목해 보신 결과 헌금하는 사람들에게 두 가지 태도가 있다는 사실을 발견하셨다. 하나는 돈이 많지만 적당히 체면치레할 만큼만 헌금하는 사람과 또 하나는 돈은 많지 않지만 힘을 다해 헌금하는 사람이었다.

둘 가운데 예수님의 마음을 흡족하게 한 사람은 누구였을까. 가난하지만 최선을 다해 하나님께 드린 여인이었다. 예수님의 말씀을 들어보자. "이 가난한 과부는 헌금함에 넣는 모든 사람보다 많이 넣었도다. 그들은 다 풍족한 중에서 넣었거니와 이 과부는 그 가난한 중에서 자기의 모든 소유 곧 생활비 전부를 넣었느니라"(막 12:43-44).

궁금한 것은 그 가난한 과부가 어떻게 그렇게 할 수 있었냐는 것이다. 어차피 없는 돈 탁탁 털어 헌금 하고 나서 이후에는 될 대로 되라는 마음으로 그렇게 한 것일까. 그런 마음을 가졌다면 성전에 오지도 않았을 것이고 차라리 가게에 가서 맛있는 간식을 사 먹었을 것이다.

여인이 성전을 찾았다는 것은 그녀가 무엇을 중요하게 여겼는지를 알 수 있게 하는 대목이다. 그녀는 하나님께 소망을 두고 있었다. 하나님만이 내 삶을 책임지시고 나를 생명의 길로 이끌어 주신다는 믿음으로 성전을 찾아 정성껏 하나님께 자신의 피 같은 돈을 드렸던 것이다.

그녀의 마음속에는 궁핍이 아니라 하나님을 향한 사랑이 출렁이고 있었다. 불평불만 대신 하나님으로부터 오는 만족과 기쁨이 넘쳐흐르고 있었다. 그녀는 그러한 마음으로 자원하여 정성어린 헌금을 할 수 있었던 것이다.

예수님은 헌금 액수를 보시며 감동하시지 않으신다. 대신 헌금에 담긴 믿음과 사랑과 정성을 보시고 감격하신다. 지금까지 베푸신 하나님의 그 한없는 사랑에 감사한 마음으로 그리고 장차 자기의 삶을 책임지고 이끌어 주실 하나님을 굳게 신뢰하면서 기쁨으로 헌금한 가난한 과부의 그 아름다운 모습이 주님을 감동시켰던 것이다.

진정한 성공

3

더불어
잘 살기

오래 전 친구 녀석에게 전화가 왔다. "용수야, 잠깐 볼 수 있니?" 어릴 적부터 가까이 지내던 친구인지라 반가운 마음에 나가 보니 얼굴이 영 말이 아니었다. 그동안 실직을 하고 숱한 어려움을 겪다가 어렵사리 연락을 한 것이었다. 친한 친구에게 자기의 초라한 모습을 보이고 싶은 사람이 누가 있겠는가. 용기를 내서 나를 믿고 찾아준 친구가 오히려 고마웠다.

나는 얼마 전 받아 통장에 넣어두었던 상여금 전액을 그에게 건넸다. 나는 없어도 살지만 그에게는 참으로 절박한 돈이었기 때문이다. 그 친구 이야기를 듣는 가운데 참으로 가슴 아팠던 것은 자신이 어려운 처지가 되어 전화를 하자 평소 그렇게 가깝게 지내던 친구들이 전화조차 받지 않았다는 것이다. 심지어 어떤 친구는 여직원을 시켜서 "없다고 해"하면서 잡상인 취급을 하는 경우도 있었다고 한다.

하나님은 우리가 더불어 잘 살기를 원하신다. 우리 주변에는 언제나 우리의 손길을 기다리고 있는 어려운 이웃이 있다. 여러 가지 이유로 끼니를 잇는 것조차 힘들어진 사람들이 분명 있다. 아니 우리 자신도 언제든 뜻하지 않은 어려움에 처할 수가 있다.

우리나라도 이젠 복지가 많이 좋아져 어려운 형편에 있는 분들에게 상당 부분 힘이 되고 있는 것은 사실이다. 그러나 나라가 다 책임질 수는 없다. 얼마 전 일어났던 세 모녀 자살 사건에서 보았듯이 복지 단체의 손이 닿지 않는 사각지대가 분명히 있다.

하나님께서는 이미 성경에서 다 헤아릴 수도 없을 만큼 여러 차례 고아와 과부를 돌보라는 말씀을 하셨다. "너는 이방 나그네를 압제하지 말려 그들을 학대하지 말라 너희도 애굽 땅에서 나그네였음이라. 너는 과부나 고아를 해롭게 하지 말라 네가 만일 그들을 해롭게 하므로 그들이 내게 부르짖으면 내가 반드시 그 부르짖음을 들으리라"(출 22:21-23).

신약성경에도 이 같은 정신은 계속 이어지고 있다. 바울이 에베

진정한 성공

소 교회 장로들과 마지막 작별인사를 하는 가운데 그들에게 이렇게 당부한다. "범사에 여러분에게 모본을 보여준 바와 같이 수고하여 약한 사람들을 돕고 또 주 예수께서 친히 말씀하신 바 주는 것이 받는 것보다 복이 있다 하심을 기억하여야 할지니라"(행 20:35).

그렇다. 주는 자가 복이 있다. 받는 자가 아니다. 잔뜩 쌓아 놓고 떵떵거리는 자가 아니다. 하나님께서는 값없이 받은 은혜를 값없이 나누기를 원하신다. 세상 경제는 사고파는 것으로 유지 되지만 하나님 나라 경제는 서로 사랑함으로 아무 조건 없이 주고받는 것을 통해 이루어지고 있다. 사람을 살리는 것은 경제가 아니라 사랑이다.

이 말씀을 보면서 우리는 갈등하게 된다. 아니 나 살기도 힘든 세상에 이렇게 다 퍼주면 나는 뭐 먹고 살라는 말인가. 그렇지 않다. 하나님의 진리는 분명하다. 잠언에 보면 재물을 얻는 두 가지 방식이 나오는데 하나는 물론 열심히 땀 흘려 일하는 것이다.

"손을 게으르게 놀리는 자는 가난하게 되고 손이 부지런한 자는 부하게 되느니라"(잠 10:4).

그런데 재물을 얻기 위한 두 번째 방식은 세상의 상식으로는 언뜻 이해가 가지 않는다.

"흩어 구제하여도 더욱 부하게 되는 일이 있나니 과도히 아껴도 가난하게 될 뿐이니라. 구제를 좋아하는 자는 풍족하여질 것이요 남을 윤택하게 하는 자는 자기도 윤택하여지리라"(잠 11:24-25).

있는 힘껏 구제하는 자를 부하게 하신다는 말씀이 이해가 가는 가. 다 퍼주면 뭐가 남는다고. 흔히들 잘 살기 위해서는 남이야 어찌되든 내 몫을 꼬박꼬박 챙기고 수단 방법 가리지 않고 돈을 긁어모아야 한다고 생각한다. 그러나 그렇지 않다.

〈기브 앤 테이크〉를 지은 미국의 3대 경영대학원 가운데 하나인 와튼 스쿨의 애덤 그랜트 교수는 어떤 부류의 사람들이 성공하는지를 알기 위해 사람들을 모두 세 부류로 나누어 연구를 했다. 하나는 'TAKER' 이 사람은 뭐든지 들어가면 안 나온다. 내 것도 내 것이지만 네 것도 내 거라는 식으로 사는 욕심 많은 사람이다.

둘째는 'MATCHER' 즉 네 것은 네 거고 내 것은 내 거라는 식이다. 받았으면 꼭 갚아야 하고 누군가에게 주었으면 후일 내가 준만큼 꼭 되돌려 받아야 직성이 풀린다. 셋째는 'GIVER' 즉 주는 자이다. 어려운 사람을 보면 도와주고 힘들어하는 사람 있으면 힘이 되어주려고 늘 노력하는 사람이다.

이 세 부류의 사람들 가운데 어느 부류가 성공적인 삶을 살게될 것인가. 결론은 세 번째 'GIVER'이다. 왜 그런가. 주면 줄수록 받

진정한 성공

는 사람들과 좋은 인간관계를 맺어 일이 원만하게 잘 풀리게 된다. 또 도움을 받은 사람들이 후일 자신도 무언가 신세를 갚기 위해 유익한 정보를 제공하거나 다양한 도움을 주기 때문에 성공할 확률이 그만큼 높아지는 것이다.

그렇다. 당장은 주면 손해가 나는 것처럼 보이지만 결국에는 주는 자가 성공한다. 이처럼 더불어 잘 살기 원하시는 우리 하나님의 뜻은 구약 성경의 안식년과 희년의 정신에도 들어있다.

이스라엘 백성들은 7년째 되는 해, 안식년이 되면 농사짓던 땅을 묵히면서 비축해 놓은 농산물을 먹어야 했다. 그리고 묵힌 땅에서 스스로 자라난 농산물은 그대로 두어서 가난한 사람들과 나그네들 그리고 들짐승들이 먹도록 했다. 그뿐 아니라 빚진 사람의 빚을 탕감해 주도록 하였고, 남의 밑에서 종살이 하던 사람은 안식년이 되면 종살이를 면하고 자유롭게 살 수 있도록 그들을 풀어주어야 했다.

희년 역시 50년 째 되는 해에 안식년과 같은 정신으로 가난 때문에 넘겨 준 땅을 원주인에게 돌려주게 하셨고, 종살이하던 사람이 자유를 찾을 수 있게 하셨다. 그렇다면 하나님께서 당신의 백성들에게 안식년과 희년을 지키게 하신 이유는 과연 무엇일까. 우리를 지으신 하나님, 그러기에 우리를 너무도 잘 아시는 하나님께서 우리의 행복을 위해서 정신없이 내닫는 우리 삶에 브레이크를 마련해 주신 것이다.

브레이크 없는 자동차, 과연 어떻게 될까. 정상적인 운행이 가능할까. 불가능하다. 평상시 도로 위를 달릴 때에는 아무 문제가 없다. 그러나 갑자기 급정거를 해야 하는 상황이 발생한다면 어떨까. 브레이크가 없기에 속수무책 끔직한 일을 당하게 될 것이다.

우리 삶도 마찬가지이다. 욕심이 잉태하면 죄를 짓게 되고 죄가 점점 자라다가 결국 죽음을 맞이하게 된다. 기브롯 핫다아와에서 보았듯이 탐욕의 끝은 죽음이다. 그런데 문제는 인간의 욕심이 암세포처럼 끝이 없다는 것이다. 누구나 물질에 관한한 무한질주 본능을 가지고 있다.

하나님께서는 우리를 잘 아시고 사랑하셔서 우리로 하여금 욕심을 절제하고 주변의 어려운 이웃을 돌아볼 수 있도록, 그래서 더불어 행복한 삶을 살 수 있도록 안식년과 희년을 허락하셨다. 욕심이 끝없이 자라 우리 목숨을 앗아가기 전에, 자신도 모르는 사이에 죽음을 향해 질주하는 인생에 브레이크를 밟도록 하신 것이다. 이미 받은 것에 감사하고 받은바 은혜를 도움이 필요한 이웃과 나눌 수 있는 복된 시간을 마련해 주심으로 상생의 기쁨을 맛보게 하신 것이다.

진정한 성공

프랑스 소년 사관학교 앞에 있는 사과 가게에는 휴식 시간마다 사과를 사먹는 학생들로 늘 붐볐다. 그러나 그 많은 학생들과는 달리 돈이 없어서 저만치 떨어진 곳에 혼자 서 있는 학생 하나가 있었다. "학생, 이리와요, 사과 하나 줄 테니 와서 먹어요." 가게의 여주인은 가난한 그 학생의 사정을 알고 만날 때마다 그렇게 불러서 사과 하나씩을 주었다.

그 뒤 30년이라는 세월이 흘렀다. 사과 가게 여주인은 그 사이에 허리가 구부러진 할머니가 되었지만 여전히 그 자리에서 사과를 팔고 있었다.

어느 날 장교 한 사람이 그 사과 가게를 찾아왔다. "할머니, 사과 한 개만 주세요." 장교는 사과를 맛있게 먹으면서 말했다. "할머니, 이 사과 맛이 참 좋습니다."

할머니는 빙그레 웃으며 그 장교에서 앉으라고 의자를 권했다. "군인 양반, 자랑 같지만 지금의 황제이신 나폴레옹 황제께서도 우리 가게에서 가끔 사과를 사서 그렇게 맛있게 드셨지요. 벌써 30년이 지난 이야기지만..." "제가 듣기로는 그 때 그 학생은 가난해서 늘 할머니께서 사과를 그냥 주셔서 얻어먹었다고 하던데요." 이 말을 들은 할머니는 펄쩍 뛰면서 "아니요, 그건 군인 양반이 잘못들은 거예요. 그때 그 학생은 꼭 돈을 내고 사 먹었어요. 한 번도 그냥 얻어

먹는 일은 없었지요."

할머니는 나폴레옹 황제가 소년 시절에 겪은 어려웠던 일이 사람들의 입에 오르내리는 것이 싫은 듯 그렇게 극구 부인했다. 그러자 장교는 다시 물었다. "할머니는 지금도 황제의 소년 시절 얼굴을 기억하십니까?" 할머니는 조용히 고개를 옆으로 저으면서 먼 하늘을 바라보았다. 가난했던 그 학생에게 동정을 베풀던 지난 추억을 더듬는 듯했다. 그런데 그 때 그 장교가 갑자기 먹던 사과를 의자에 놓고 일어나 할머니의 손을 두 손으로 꼭 잡으며 눈물을 흘리는 게 아닌가.

"할머니, 제가 바로 나폴레옹 황제입니다." "예? 당신이 나폴레옹 황제라고요?" "예, 제가 바로 30년 전에 돈이 없어 사과를 사 먹지 못할 때 할머니께서 가끔 저에게 사과를 주어 먹게 하셨던 보나파르트 나폴레옹입니다. 그 때 그 사과 맛은 지금도 잊지 못하고 있습니다. 전 그 때 그 사과를 먹으면서 언젠가는 할머니의 은혜를 꼭 갚겠다고 몇 번이고 다짐을 했습니다."

나폴레옹에게 두 손을 잡힌 채 어찌할 줄을 모르던 할머니의 눈에서도 어느 새 눈물이 흘러내리고 있었다. 나폴레옹 황제는 금돈이 가득 들어있는 주머니를 할머니에 손에 쥐어드리면서 말했다. "할머니, 이것은 저의 얼굴이 새겨진 금돈입니다. 이 돈을 쓰실 때마다 저를 생각해 주십시오. 정말 고마웠습니다. 할머니."

하나님은 우리가 더불어 행복하게 살기를 원하신다. 이스라엘 백성들이 출애굽 이후 광야 생활을 할 때 하나님께서는 매일 매일 만나를 내려 주셔서 광야 척박한 땅에서 그들이 생계를 이어가게 하셨다. 그런데 만나를 내리시면서 그들에게 이렇게 명령하셨다. "너희 각 사람은 먹을 만큼만 이것을 거둘지니 곧 너희 사람 수효대로 한 사람에 한 오멜 씩 거두되 각 사람이 그의 장막에 있는 자들을 위하여 거둘지니라"(출 16:16).

왜 하나님께서는 각 사람이 한 오멜 씩만 거두게 하셨을까. 부지런한 사람이 좀 더 많이 거두어서 저장해 놓고 편안하게 생활하면 좋을 것 같은데, 그럼 더 열심히 의욕적으로 일할 수 있도록 동기부여가 될 것 같은데, 왜 그렇게 하지 못하게 하신 것일까. 만일 그렇게 했을 경우 어떤 일이 벌어졌겠는가.

틀림없이 아귀다툼이 벌어졌을 것이다. 이미 충분히 거두었음에도 더 거두지 못해 혈안이 된 사람, 남보다 한 발 늦는 바람에 빈손으로 돌아오며 속상해 하는 사람, 자기 힘으로는 도무지 생계를 잇지 못해 세상을 원망하며 한숨짓는 장애인, 내일은 과연 먹을 만큼 거두게 될지 늘 불안해하는 사람, 남의 것을 훔치다 걸려 재판 받으러 오는 사람 등 별별 일이 다 일어나게 되면서 공동체는 이내 혼란에 휩싸이게 되었을 것이다.

그러나 하나님께서는 한 사람이 한 오멜 씩만 거두게 하심으로 누구든 자기 몫을 충분히 취할 수 있게 하셨다. 그렇게 하심으로 장차 발생할 지도 모르는 분쟁을 사전에 막아주셨다. 그리고 매일 매일 하나님 주시는 양식으로 살게 하심으로써 하나님이 그들의 생명을 책임지고 돌보신다는 사실을 믿는 믿음으로 살게 하셨다.

사도 바울은 고린도 교회에 보낸 편지에서 그들이 가난한 자들을 위한 헌금에 동참할 것을 권면하는 가운데 이렇게 말한다. "이는 다른 사람을 평안하게 하고 너희는 곤고하게 하려는 것이 아니요 균등하게 하려 함이니 이제 너희의 넉넉한 것으로 그들의 부족한 것을 보충하게 하려 함이라 기록된 것 같이 많이 거둔 자도 남지 아니하였고 적게 거둔 자도 모자라지 아니하였느니라"(고후 8:13-15). 하나님의 뜻은 더불어 잘 사는 것이다.

수년 전 작고하신 전우익 선생이 지은 〈혼자만 잘 살면 무슨 재민겨〉라는 책의 한 대목이다. "세상에 나는 물건을 사람만이 독식해서는 안 되지요. 새와 곤충이 없이 사람만이 산다면 얼마나 삭막할까요. 그런데도 혼자 먹겠다고 야단이지요. 권력이란 것도 돈이나 농약만큼이나 독한 것이지요. 그걸 몇몇이서 독식하면 금방 끝장나는 데도 한사코 독차지하려고 몸부림치는 꼴이 가관입니다."

인간의 모든 제도는 다 한계가 있다. 자본주의는 돈이면 다 된다고 생각하면서 돈을 최고로 여기며 살아간다. 공산주의는 인간의 생각과 마음을 포함한 모든 것이 물질로 이루어졌다는 유물사관을 기초로 하고 있다. 그러니 사상과 국경을 초월해서 지구촌 모든 사람들이 오직 "돈, 돈"하는 것도 무리가 아닌 것이다.

이처럼 온통 돈에 마음을 빼앗긴 인류, 잘못된 세상 제도의 희생양이 되어 스스로를 불행으로 몰고 가는 사람들을 치료하는 길이 과연 존재하는 것일까. 있다. 예수 그리스도를 만나면 된다.

돈이면 무슨 일이든 다 할 수 있다고 믿으면서 그야말로 개같이 벌어 정승같이 살자고 다짐한 사람이 있었다. 그러기에 사람들이 개 취급하는 세리가 되어 뻔뻔스럽게도 대제국 로마의 앞잡이 노릇을 하고 있었다. 그런데 나름 돈을 어지간히 벌었다고 생각했는데 그러면 모든 콤플렉스를 다 극복하고 불행 끝 행복이 시작될 줄 알았는데 이상하게도 만족이 없었다.

돈을 펑펑 쓰면서도 마음속 허전함은 사라지지를 않았다. 그러던 차에 예수님에 대한 소식을 듣게 되었다. 죄인들을 찾아가 스스럼없이 어울려 먹고 마시는 예수 그분이라면 자신의 마음을 알아줄 것만 같았다. 그의 이러한 간절한 열망이 그를 뽕나무 위로 밀어 올렸다. 염치나 체면을 따질 게재가 아니었다.

마침내 주님이 그를 찾아오셨다. 아니 그의 간절한 마음이 주님을 자석처럼 끌어당겼다. 그렇게 만나고 싶었던 주님을 만나 이야기 하는 동안 그는 인생의 참 기쁨을 맛보게 되었다. 그 구원의 은혜가 그동안 꼭꼭 닫아두었던 그의 마음의 문을 활짝 열어 젖혔다. 삭개오의 마음이 열리자 그의 금고가 열렸다.

그 아까운 재산, 온갖 수모를 참고 견디면서 이를 악물고 긁어 모았던 그 피 같은 돈을 흔쾌히 내놓았다. 주님께서 변화된 삭개오를 보시며 감격에 겨워 이렇게 말씀하셨다. "오늘 구원이 이 집에 이르렀으니 이 사람도 아브라함의 자손임이로다"(눅 19:9).

삭개오는 부정한 방법으로 치부하느라 늘 두렵고 불안한 삶에서 벗어나 진리 안에서 참 자유를 누릴 수가 있었다. 이웃을 사랑하는 일에 돈을 사용함으로써 하나님의 뜻을 따라 사는 자만이 맛보는 참 평강을 맛볼 수가 있었다. 혼자만 잘 사는 게 아니라 더불어 잘 사는 삶을 통해 오로지 자기만족을 위해 살아가는 사람들은 결코 알 수 없는 하늘의 기쁨을 맛볼 수가 있었다.

4

진정한
성공

　많은 돈을 벌어 남부럽지 않게 즐기며 사는 것이 성공이라면 삭 개오는 성공한 사람이었다. 그런데 그는 왜 체면불구하고 뽕나무에 올라갈 만큼 절박한 심정으로 예수 만나기를 고대했던 것일까. 돈으로는 진정한 행복을 살 수 없다는 것을 그는 절실히 깨닫고 있었다. 세상 사람들이 저마다 추구하는 성공의 사닥다리 꼭대기에 올라보니 기대와는 달리 아무 것도 없었던 것이다.

　수년 전 초등학교 운동회에서 찍은 사진 한 장이 보는 사람들을 감동시킨 일이 있었다. 그 사진 밑에는 이런 설명이 붙어 있었다. "맨 오른쪽 아이는 항상 꼴찌만 합니다. 나머지 애들이 달리다 멈춰

꼴찌로 달려오던 친구의 손을 잡고 같이 뛰었습니다."

그것은 경기도 용인시 양지면에 있는 제일초등학교 6학년 2반 학생들이 연골무형성증이라는 특이한 병을 앓고 있는 친구가 언제나 달리기에 꼴찌 하는 것을 보며 안타깝게 여기다가 운동회 기간 중 마련한 깜짝 이벤트였다.

마틴 루터 킹이 말했다. "인생은 경주가 아니야. 누가 일등으로 들어오느냐로 성공을 따지는 경기가 아니지. 네가 얼마나 의미 있고 행복한 시간을 보냈느냐가 바로 인생의 성공 열쇠란다."

세상에는 겨 같이 사는 사람이 있는가 하면 나무처럼 사는 사람이 있다. 겨처럼 산다는 것은 바람이 불 때 이리저리 휩쓸리는 겨처럼 어떻게 하면 잘 살 수 있나 여기 기웃 저기 기웃하는 것이다. 남과의 비교 우위를 꿈꾸면서 자아실현을 위해 스펙을 계속 쌓아가면서 끝없는 경주를 계속하는 것이다. 돈만 된다면 어디든 쫓아다니는 것이다.

그러나 나무처럼 사는 인생은 다른 사람과 비교하지 않는다. 개나리가 자신의 아름다움을 한껏 뽐내며 자신이 있는 자리에서 의연하게 피어나듯이 내게 주어진 것에 감사하면서 그저 하루하루 신실하게 살아갈 뿐이다.

겨처럼 사는 인생은 그 어느 곳에도 뿌리를 내리지 못하고 결국

　　　　　　　　　　　　　　진정한 성공

빈 쭉정이만 남게 될 것이다. 생명의 기쁨 대신 허탈함과 공허함을 맛보게 될 것이다. 그러나 하나님께 뿌리내린 인생은 시간이 지남에 따라 아름다운 꽃을 피우고 열매를 맺게 된다. 그 열매를 먹는 사람들을 보면서 영원히 변하지 않는 생명의 기쁨을 또한 맛보게 될 것이다.

〈부유한 노예, 원제: The Future of Success〉라는 책을 쓴 로버트 라이시는 옥스퍼드와 예일대학을 거쳐 클린턴 행정부 시절 노동부 장관을 지내다 돌연 가족과 더 많은 시간을 함께 하기 위해 장관직을 사임하고 가족의 품으로 돌아갔다. 그는 깨달았다.

더 많은 것을 소유하고 더 중요한 자리에 올라 갈수록 그것을 지키기 위해 필사적으로 매달려야 한다는 것을. 자신에게 제아무리 돈이 많아도 결코 일에서 벗어날 수 없는 '부유한 노예'요, '성공한 노예'로 살아가야 한다는 것을.

하나님은 우리가 이 세상의 기준으로 성공해서 만족한 삶을 살기 위해 끝없이 방황하는 삶을 살기 보다는 하나님을 믿고 의지하며 살기를 바라신다. 우리가 있는 그 자리에서 하나님으로 만족하면서 하나님의 영광의 빛을 비추는 가운데 이웃을 기쁘게 하고 자신도 행복하게 살기를 원하신다.

예수님의 보내심을 받아 복음을 전하고 병자를 치유하는 사역을 성공리에 마치고 돌아온 제자들이 자신들의 무용담을 자랑스레 늘어놓자 주님은 그들에게 말씀하셨다. "귀신들이 너희에게 항복하는 것으로 기뻐하지 말고 너희 이름이 하늘에 기록된 것으로 기뻐하라"(눅 10:20). 하나님은 우리의 업적이 아니라 우리와 함께 하는 것을 좋아하신다.

창세기 4장에서 에녹 앞에 화려한 스펙을 가진 사람들이 죽 열거 되고 있다. 악기를 가지고 최초의 음악을 만든 사람이 나오고, 최초로 철 기구를 만든 사람 그리고 당시로는 첨단문화였던 성을 쌓은 사람, 이런 사람들 가운데 에녹은 무엇을 했는가.

"에녹은 육십오 세에 므두셀라를 낳았고 므두셀라를 낳은 후 삼백 년을 하나님과 동행하며 자녀들을 낳았으며 그는 삼백육십오 세를 살았더라. 에녹이 하나님과 동행하더니 하나님이 그를 데려가시므로 세상에 있지 아니하였더라"(창 5:21-24).

에녹이 한 일이라고는 식구 수를 늘린 것뿐이다. 세상 기준으로 보면 내세울 게 전혀 없다. 그러나 하나님은 그를 너무나도 사랑하셔서 그가 죽음을 보지 않고 하나님의 나라에 올라 갈 수 있게 하셨다. 이유가 무엇인가. 그가 대체 무엇을 했는가. 그가 한 것은 단 하나 하나님과 동행한 것뿐이다. 하나님과 함께 하는 것이 최고의 행복이요, 최고의 성공이다.

그러기에 성경은 형통의 비결을 이렇게 말씀하고 있다. "오직

강하고 극히 담대하여 나의 종 모세가 네게 명령한 그 율법을 다 지켜 행하고 우로나 좌로나 치우치지 말라 그리하면 어디로 가든지 형통하리니 이 율법 책을 네 입에서 떠나지 말게 하며 주야로 그것을 묵상하여 그 안에 기록된 대로 다 지켜 행하라 그리하면 네 길이 평탄하게 될 것이며 네가 형통하리라"(수 1:7-8).

성경은 돈을 많이 모으거나 높은 지위에 오르고 큰 업적을 쌓았다고 해서 성공한 인생이라 말하지 않는다. 성경은 결코 자아실현에 대해서 말하지 않는다. 성경에서 말하는 성공은 주님께서 우리에게 주신 십자가를 달게 지고 주님 가신 그 길을 충성되게 따라가는 것이다. 늘 주님과 함께 하는 것이다. 그러기 위해서 우리는 날마다 우리의 앞길을 비춰주시는 하나님의 말씀의 인도하심을 받아야한다.

이런 얘기를 들으면서 혹자는 이렇게 질문할 수 있을 것이다. 그렇다면 예수 믿는 사람은 부자도 되지 말고 출세도 하지 말라는 것인가. 그저 죄 짓지 않도록 조심하면서 주어진 것에 만족하며 살다가 천국에 올라가라는 것인가. 그렇지 않다.

하나님께서 인간을 지으신 후에 뭐라고 축복하셨는가. "하나님이 그들에게 복을 주시며 하나님이 그들에게 이르시되 생육하고 번성하여 땅에 충만하라 땅을 정복하라, 바다의 물고기와 하늘의 새와 땅에 움직이는 모든 생물을 다스리라 하시니라"(창 1:28).

예수 믿는 자는 믿음으로 이 엄청난 복을 누리며 살아가는 사람이다. 하나님은 우리가 번성하기를 원하신다. 온 땅에 당신의 사랑이 충만케 되기를 원하신다. 이 세상을 진리로 정복하고 주님의 은총 가운데 권세 있게 살기를 원하신다.

이러한 성경의 정신을 바탕으로 서구의 자본주의가 싹트게 되었고, 주어진 것에 안주하지 않고 전 세계 곳곳으로 진출하는 야심 찬 일들이 진행될 수 있었던 것이다. 하나님은 당신의 뜻대로 사는 자들에게 복을 주시고 번성케 하신다.

"이스라엘아 듣고 삼가 그것을 행하라 그리하면 네가 복을 받고 네 조상들의 하나님 여호와께서 네게 허락하심 같이 젖과 꿀이 흐르는 땅에서 네가 크게 번성하리라"(신 6:3).

이러한 하나님의 뜻을 깨닫고 열심히 노력해서 돈을 많이 번 후에 그 많은 돈을 하나님께서 기뻐하신 일에 투자한 믿음의 선배들이 많이 있다. 그 가운데 한 분, 돌아가신 한경직 목사님의 사역 파트너로 평생 함께 하셨던 고 최창근 장로님이 계시다.

대륙통상 등 원사 도매업을 통해 큰돈을 번 장로님은 생전에 이런 고백을 했다. "하나님이 나에게 사업체를 맡겨주신 것은 기독교적인 사업 경영을 통해 성공해서 하나님 사업에 사용하라는 뜻이다."

장로님은 영락교회가 설립한 영락 중고 이사로 참여하는 한편 북한의 숭의여학교와 보성여학교 재건에 동참하고 훗날 보성 학원 이사장을 지내시면서 믿음의 후손들을 양육하는 일에 심혈을 기울이셨고, 아세아 연합신학대학을 세울 때에 8만평 규모의 부지를 기증하는 등 3,000억 원이 넘는 돈을 하나님 나라를 위해 사용하셨다.

그뿐 아니라, 장로님은 은퇴하신 후에도 유산 남기지 않기 운동 등을 펼치며 한국교회와 사회에 본이 되셨고, 그밖에도 기독교 방송 목동 사옥을 신축하는 데 결정적인 기여를 하셨으며, 국제기드온협회 전국 회장, 한국기독실업인회(CBMC) 중앙회장, 사랑의 쌀 나누기 운동위원회 위원장 등의 역할을 맡아 헌신하셨다.

감리교 창시자인 존 웨슬레는 '돈의 사용법'이라는 설교에서 이렇게 말한다. "최대한 돈을 많이 버시오. 최대한 많이 저축하시오. 최대한 많이 나누어 주시오."

고 최창근 장로님의 관심이 어디에 있었다고 생각되는가. 그의 관심은 많은 돈을 벌어 자기를 과시하고 자기 왕국을 세우는 데 있지 않고, 열심히 돈을 벌어서 그 돈을 하나님 기뻐하시는 일을 위해 최대한 많이 사용하는데 있었다.

어느 날 기자가 그에게 그 많은 재산을 다 기부하시고 나서 혹시라도 아까운 생각이 들지 않으셨냐고 질문하자 그가 이렇게 대답했다. "하나님께서 주신 돈을 하나님 위해 마음껏 사용하게 하시고 나는 그 가운데서 기쁨과 만족을 맛보게 하시니 이보다 더 감사한 일이 어디 있겠는가"

테레사 수녀가 한 말 가운데 기억에 남는 말이 있다. "하나님은 우리를 성공으로 부르신 것이 아니라 충성으로 부르셨다."

1. 내 인생은 부유한 노예에 가까운지 아니면 진정한 성공
   에 가까운지 생각해 봅시다.

2. 하나님 보시기에 가장 복된 인생은 어떤 것이라고 생각
   하십니까? (행 20:35, 요일 2:17).

3. 하나님께서 우리가 어려운 이웃과 더불어 잘 살기 원하
   시는 이유가 무엇이라고 생각하십니까.

4. 안식년과 희년의 정신을 이 시대에 맞게 실천할 수 있
   는 방안이 있다면 무엇이겠습니까?

지혜로운 부자

믿는 자에게 있어서 최고의 복은 바로

하나님이요 영생이다. 이 땅에서 잠시 잘

사는 게 아니라 영원히 잘 사는 게 최고의

복이다

과정이
중요하다

그리스도인의 성공은 지금 여기에서의 성취가 아니라 후일 하나님 앞에서 그분의 인정을 받는 것이다. 세상 사람들 보기에 잘 나가는 삶이 아니라 하나님 앞에서 충성된 삶을 사는 것이다. 사람들을 깜짝 놀라게 만드는 커다란 결과물이나 업적이 아니라 한 걸음 한 걸음 하나님과 동행하는 신실한 삶을 사는 것이다. 그러기에 돈을 버는 방식 또한 세상 사람들과 같을 수가 없다.

레위기 19장에 보면 하나님께서 이스라엘 백성들이 하나님처럼 거룩하게 살기 위해서 그들이 어떻게 살아야 하는지 가르쳐 주시는 대목이 나온다. 그 가운데 9절에서 18절 말씀을 요약하면 다음과 같다.

첫째, 수입의 일부는 어려운 이웃을 위해 떼놓아라.
둘째, 돈을 벌되 남의 것을 훔치거나 속이지는 말아라.
셋째, 함께 일하는 사람을 억압하거나 착취하지 말고 임금은 제 때 주어라.
넷째, 사람을 해치면서까지 돈을 벌지는 말아라.

믿는 자는 일을 하되 세상 사람들과 다르게 일한다. 손해를 보더라도 정직하게 일한다. 목표가 중요하다면 그 목표를 이루는 과정 역시 중요하다. 잘 아는 것처럼 하나님께 드릴 제물은 흠이 없어야 한다. 이러한 성경의 원리를 깨닫게 된 사랑의 교회 한 성도의 간증이다.

"성경적 재정교육을 받고난 후 지난 번 투자 협상을 위해 미국의 한 회사에 제출한 서류 내용이 부풀려졌다는 사실이 자꾸 마음에 걸렸습니다. 고민 끝에 연락을 했습니다. '지난번 보낸 서류는 내용이 부풀려졌다. 우리 회사는 당신들의 기준에 맞지 않으니 다른 투자처를 찾아라.' 그런데 미국에서 뜻밖의 회신이 날아왔습니다. 우리는 정직한 파트너를 찾고 있다. 당신과 함께 일하고 싶다."

간혹 악인들이 형통하는 모습을 보면서 마음이 흔들릴 때가 있다. '저 사람들은 못된 짓 하면서도 잘 먹고 잘 사는데 나만 이렇게 법을 지키며 바르게 살 필요가 있을까'라는 생각이 들 때가 있다. 시편 기자 아삽도 우리처럼 회의에 빠진 일이 있었다.

"하나님이 참으로 이스라엘 중 마음이 정결한 자에게 선을 행하시나 나는 거의 넘어질 뻔하였고, 나의 걸음이 미끄러질 뻔하였으니 이는 내가 악인이 형통함을 보고 오만 한 자를 질투하였음이로다"(시 73:1-3).

그렇다면 그는 이러한 의혹을 어떻게 해소할 수 있었는가. 그의 고백이다.

"하나님의 성소에 들어갈 때에야 그들의 종말을 내가 깨달았나이다. 주께서 참으로 그들을 미끄러운 곳에 두시며 파멸에 던지시니 그들이 어찌하여 그리 갑자기 황폐 되었는가 놀랄 정도로 그들이 전멸하였나이다"(시 73:17-19).

심판의 날, 하나님의 심판대 앞에서 영생과 영벌의 심판이 이루어지는 것을 믿음의 눈으로 보게 된 아삽은 잠시 헛된 생각을 했던 것을 부끄럽게 여기며 이렇게 고백한다.

"하나님께 가까이 함이 내게 복이라. 내가 주 여호와를 피난처로 삼아 주의 모든 행적을 전하리이다(시 73:28).

그렇다. 믿는 자에게 있어서 최고의 복은 바로 하나님이요 영생
이다. 이 땅에서 잠시 잘 사는 게 아니라 영원히 잘 사는 게 최고의
복이다. 그러기에 보배 되시는 예수를 모시고 사는 성도는 이렇게
노래한다.

"주 예수보다 더 귀한 것은 없네. 이 세상 부귀와 바꿀 수 없네.
영 죽은 내 대신 돌아가신 그 놀라운 사랑 잊지 못해. 세상 즐거움
다 버리고, 세상 자랑 다 버렸네. 주 예수 보다 더 귀한 것은 없네. 예
수 밖에는 없네"(찬 94장 1절).

예수를 믿는다고 하면서도 세상 사람들과 똑같은 방식으로 사
는 사람들이 있다. 교회에 다닌다고 하는데 사는 걸 보면 불신자만
도 못한 사람들이 종종 있다. 교회 일도 돈이 있어야 한다면서 정말
예수를 믿고 있는 것인지 의아하게 만드는 사람들이 있다. 참으로
안타까운 일이다. 그분들을 보면서 나 자신을 돌아본다.

"주여, 남은 가르치고 나 자신은 버림받는 불행한 인생 되지 않
게 하소서."

예수를 믿으면서 거짓말 할 수 있는가. 예수를 믿으면서 법을

교묘하게 어기면서 돈을 벌수 있는가. 예수를 믿으면서 직원들에게 최저 임금도 주지 않는 소위 노동 착취를 할 수 있는가. 예수 믿는다고 하면서 교회 돈을 마치 자기 돈처럼 함부로 쓸 수 있는가.

예수 믿는다고 하면서 집세를 한꺼번에 많이 올려 세입자를 거리에 나앉게 할 수 있는가. 예수 믿는다고 하면서 교회를 자신의 출세나 치부의 수단으로 이용할 수 있는가. 그럴 수 없다. 정말 하나님을 경외하고 주님과 함께 하고 있다면 도무지 불가능한 일이다.

필자와 가까이 지내는 한 목사님이 전해준 이야기다. 그 교회 권사님 한 분이 어느 날 새벽 "저울추를 속이지 말라"는 말씀을 듣고 찔림을 받았다. 남편과 함께 고물상을 하시는 분이었는데 얼마 후 안산에 자리가 나서 이전을 하게 되었다. 이전 후 얼마간 시간이 지났음에도 근처에 이미 자리를 잡고 있는 고물상이 몇 있어 손님이 통 오지를 않았다.

권사님이 하루는 용기를 내서 남편에게 "이제부터 저울 눈금을 속이지 말자"라고 설득을 해서 그렇게 하기로 했다.

그 때부터 신주와 고철을 가지고 오면 예전에는 신주와 고철을 함께 달아 고철 값을 쳐주었는데 고철과 신주를 분리해서 달아 값을 더 쳐주기 시작했다. 그리고 오는 손님에게 커피를 타주면서 친절하게 대했다. 서서히 소문이 나면서 손님들이 몰리기 시작했고

지혜로운 부자

나중에는 가족처럼 먹을 것이 생기면 고물상으로 가져올 정도가 되었다. 예수 믿고 새 삶을 살게 된 성도는 일하는 자세 또한 여느 사람들과 다르다. 성경은 말한다.

"무슨 일을 하든지 마음을 다하여 주께 하듯 하고 사람에게 하듯 하지 말라. 이는 유업의 상을 주께 받을 줄 아나니 너희는 주 그리스도를 섬기느니라"(골 3:23-24).

사람들은 일을 하면서 고용주 눈치를 보지만 그리스도인은 하나님을 의식한다. 사람들은 지금 이곳에서의 보상에 만족하지만 그리스도인은 하늘의 영원한 상을 생각한다. 사실 내가 지금 이곳에서 일하게 된 것 역시 어쩌다 보니 우연히 그렇게 된 것도 아니고, 내가 스펙이 워낙 좋아서 된 것도 아니다. 하나님께서 나를 이곳에 보내셨고, 하나님께서 나를 지금 이 자리에 앉게 하셨다.

이러한 사실을 알고 있는 사람이라면 어떻게 일이 힘들다고 불평하거나 전망이 불투명하다고 낙심할 수 있겠는가. 어떻게 힘과 권세가 주어졌다고 그것으로 잔뜩 치부를 하고 다른 사람을 업신여기고 얕잡아 볼 수가 있겠는가. 어떻게 돈 몇 푼을 위해 사람 눈을 속일 생각을 하겠는가. 오직 감사한 마음으로 정직하고 성실하게 일하며 함께 일하는 사람들을 존중하고 그들에게 착한 행실로 빛을 비추며 영원히 복된 삶을 살아갈 뿐이다.

증경 총회장이신 고 이종렬 목사님의 회고록에 나오는 글이다. "섬김을 받기보다 섬기려 노력하면 부르는 곳이 늘어가고 할 일도 많으련만 상좌만 넘보려 하니 무용지물 절로 된다. 남을 위해 봉사하면 그게 귀한 일인걸 큰 일만 찾느라고 짧은 일생 낭비하나. 공익성 없는 일이면 화려해도 허사로다. 성실히 이행하면 작은 일도 큰일 되고 반심 먹고 처리하면 귀한 일도 천해지니, 겉만 보고 대하려 말고 주께 하듯 받들진저."

태초에 천지를 지으신 하나님께서 인간을 지으시고 말씀하셨다.

"생육하고 번성하여 땅에 충만하라. 땅을 정복하라. 바다의 물고기와 하늘의 새와 땅에 움직이는 모든 생물을 다스리라 하시니라"(창 1:28).

그렇다. 일은 인간이 범죄 한 결과 어쩔 수 없이 마지못해 해야 하는 것이 아니라 우리를 사랑하시는 하나님께서 천지를 지으실 때부터 계획하신 것이다.

일을 함으로써 우리는 첫째, 인내와 부지런함 그리고 정직과 절제 등 하나님의 성품을 닮아간다. 둘째, 우리는 일을 함으로써 가족의 필요를 채운다. 성경은 말씀하고 있다.

지혜로운 부자

"누구든지 자기 친족 특히 자기 가족을 돌아보지 아니하면 믿음을 배반한 자요 불신자보다 더 악한 자니라"(딤전 5:8).

셋째, 우리는 일을 함으로써 하늘에 상급을 쌓는다. 일을 한 대가를 가지고 하나님 나라를 위해 사용하고 이웃과 사랑을 나누는 가운데 세상이 알 수 없는 하늘의 기쁨까지 맛볼 수가 있으니 얼마나 복된 일인가.

한 은퇴한 교수님의 말이다. "일을 하면서 갖게 된 여러 직책, 무슨 대표니 회장이니 하는 직책들 그리고 받은 상들, 그런 것은 시간이 지나면 다 잊히고 말겠지만 내가 평소 함께 하는 사람들에게 베푼 사랑과 관심은 결코 사라지지 않을 것이다."

사랑으로 하지 않은 일이라면 그 일이 사람들 보기에 제아무리 기가 막힌 일이라 하더라도, 그래서 사람들이 감탄을 하고 신문에 대서특필이 되었다 하더라도 아무 소용이 없을 것이다. 무슨 일을 하든지 사랑하는 마음으로, 하나님의 영광을 위해 한 일만이 영원히 남게 될 것이다.

2

저축과
투자

선한 사마리아인은 어떻게 그런 좋은 일을 할 수 있었을까. 여유 돈이 있었기 때문이다. 여유 있는 돈이 없었다면 아무리 강도 만난 사람을 도와주고 싶더라도 어쩔 도리가 없었을 것이다. 믿는 자가 씀씀이를 줄여서 저축해야 하는 이유가 바로 여기에 있다.

저축은 선한 목적 즉 가족 부양이나 구제, 선교 등을 위해 먹을 것 다 먹지 않고 쓸 것 다 쓰지 않고 한푼두푼 모으는 것이다. 그러나 축재는 다르다. 축재란 막연한 불안감 혹은 재산을 더 늘려야겠다는 욕심 때문에 무작정 계속해서 돈을 모으는 것이다.

모 재벌에게 기자가 질문을 했다. "회장님, 얼마나 더 있으면 만족하시겠습니까?" 그러자 그가 대답했다. "조금만 더." 이것이 탐욕의 실상이다. 나는 지금 탐욕으로 축재를 하고 있는가 아니면 하나님 기뻐하시는 선한 일을 하기 위해 저축하고 있는가 생각해 보게 된다.

구약 창세기에 보면 소위 저축의 원조가 등장하는데 바로 요셉이다. 그가 총리가 되어 국가적인 난제, 즉 7년이나 계속되는 무서운 흉년을 어떻게 극복할 수 있었는가. 바로 저축이다. 수확한 곡식의 5분의 1을 저축하게 함으로써 하마터면 나라의 존립을 위태롭게 할 수도 있었던 국가적인 대위기를 무사히 넘길 수가 있었던 것이다.

여기에서 힌트를 얻어 필자는 누구나 소득의 최소 20%는 저축할 것을 권면하고 있다.

누구에게나 애굽의 흉년과 같은 인생의 겨울이 불현듯 찾아온다. 갑작스레 실직을 하거나, 저축은행 사태와 같은 금융사고, 교통사고 등 사건 사고와 자연 재해 그리고 질병 등이 예고 없이 찾아오는 것이다. 이럴 때 미리 대비한 사람은 매서운 혹한이 그리 두렵지 않을 것이다.

최근 예금 금리가 물가 인상률에 미치지 못하기 때문에 예금할 필요가 없다는 소리를 자주 듣는다. 일리 있는 말이다. 그러나 그럼에도 불구하고 투자를 위한 종자돈 마련은 역시 저축으로 시작해야

만 한다. 왜냐하면 돈은 가지고 있으면 정말 묘하게도 꼭 쓸 일이 생겨 조만간 지갑을 홀쭉하게 만들기 때문이다. 일단은 눈에서 멀어져야 쓸 마음이 생기지 않는다. 기억하자. No see No mind !

저축과 관련해서 두 가지 공식이 있는데 하나는 부자의 공식이고 다른 하나는 빈자의 공식이다. 부자의 공식은 '소득-저축=지출'이고 빈자의 공식은 '소득-지출=저축'이다.

공식이 말하는 게 무엇인가. 부자는 소득이 생기면 먼저 저축을 하고 나머지를 가지고 생활하지만 가난한 사람은 소득에서 먼저 쓸 것을 다 쓰고 나서 혹시 남으면 그때 가서 저축을 한다는 것이다. 부자들이 어떻게 해서 부자가 되었는지 알 수 있지 않은가. 그렇다. 고 현대그룹 정주영 회장의 말처럼 큰 부자는 하늘이 내지만 작은 부자는 노력하면 얼마든지 될 수가 있는 것이다.

금연과 다이어트 그리고 저축의 공통점이 있다. 하면 좋은 데 성공하기가 쉽지 않다는 점이다. 저축은 누구나 마음만 먹으면 할 수 있다. 그러나 끝까지 성공하는 것은 결코 쉬운 일이 아니다. 왜 그런가. 첫째로는 목표 의식이 분명하지 않아서 그렇고 둘째로는 저축을 못하도록 가로막는 재테크의 네 가지 적이 있기 때문이다. 그게 무엇인가. 자동차, 신용카드, 대형마트 나들이 그리고 외식이다.

뒷문을 막아야 한다. 사람들은 수입이 늘어나기만 학수고대하

　　　　　　　　　　　　　　　지혜로운 부자

고 돈을 더 벌 궁리에 골몰하느라 정작 돈이 뒷구멍으로 술술 빠져 나가는 것을 보지 못한다. 그래서 앞으로 남고 뒤로 밑진다는 이야기가 나오게 된 것이다. 그렇다. 다시 한 번 강조하지만 지출 관리가 수입을 늘리는 것보다 훨씬 더 중요하다.

지혜로운 사람은 자동이체 제도를 십분 활용해서 목적별로 적금 통장을 만들어 자동이체를 시킨다. 전세 자금, 자녀 결혼 비용, 자녀 유학 자금, 선교 기금 등 명목으로 5년 혹은 10년 간 들어간 돈이 후일 얼마나 긴요하게 사용될지 상상만 해도 흐뭇해진다.

저축으로 종자돈을 모은 다음에는 투자를 해야 하는데 투자 시 유의할 점이 과연 무엇일까.

막강한 자금력으로 미국의 정치를 쥐락펴락 하는 유대인들의 자금 관리의 정석은 이것이다. 투자를 할 때 반드시 세 가지로 나누어 하는데 첫째는 부동산, 둘째는 다이아몬드와 같은 값나가는 물건, 셋째는 현금이나 예금이다. 한 마디로 계란을 한 바구니에 다 담지 않는 것이다.

주식투자에 빠져서 가진 재산 다 팔아 한꺼번에 투자했다가 알거지가 되었다는 이야기를 종종 듣는다. 참으로 불행한 일이 아닐 수 없다. 배울 만큼 배운 사람들이 왜 그런 실수를 하는 것인가. 욕심 앞에는 장사가 없다. 누구든 욕심에 눈이 멀면 자신이 하는 일이 앞으로 어떤 결과를 가져올지 보지 못한다.

많은 사람들이 인생 역전을 꿈꾸며 소위 대박을 노린다. 자신의 운명을 단 한 번에 뒤집어 보겠다며 운명이라는 뜻을 가진 이탈리아어 '로또(Lotto)'라는 이름이 붙은 복권을 사기 위해 가게 앞에 줄을 선다. 과연 로또 당첨자들은 인생 역전을 이루었을까. 대부분의 경우 오히려 정 반대로 인생 파멸을 겪게 되었음을 여러 사례를 통해 보게 된다.

1993년 1800만 달러(약 2,100억 원)의 복권에 당첨되었던 재미교포 이 모씨는 그로부터 불과 8년 뒤인 2001년 파산 선고를 받았다. 분수에 넘치는 생활이 파산의 원인이었다.

당첨금은 20년간 매년 62만 달러(약 6억 5천 만원)씩 받는 조건이었는데 이 씨는 이를 담보로 연 14-20% 금리의 돈을 빌려 대저택과 고급 자동차를 구입하고 도박에 빠져 2000년 한 해에만 38만 달러(약 4억 원)를 탕진하기도 했다. 남은 당첨금을 일시에 받아 빚을 청산하고도 부족해서 결국 친구 집을 전전하는 신세가 됐으며 현재 미국 정부가 주는 연금으로 생활하고 있다고 한다.

비단 그만의 이야기가 아니다. 1등 당첨자가 스스로 목숨을 끊는가 하면 당첨금 때문에 아내를 때려 입건되는 일도 있고, 당첨금을 8개월 만에 탕진하고 금은방을 털다 감옥신세를 지게 된 사람도

지혜로운 부자

있다. 당첨자들은 살인, 피살, 상해, 파산, 정신병 등을 겪는 경우가 적지 않았으며 미국의 한 조사에 의하면 로또 당첨자의 90%가 결국은 파산했다.

"처음에 속히 잡은 산업은 마침내 복이 되지 아니하느니라"(잠 2:21).

'석유의 저주'라는 말이 있다. 많은 산유국들이 1970년대 두 차례의 오일 쇼크를 거치면서 갑자기 돈이 늘어나자 그 돈을 흥청망청 쓰다가 갑자기 석유 가격이 떨어지면서 재정 적자에 빠졌고, 이미 일을 해서 먹고 살아야 한다는 의식을 잃어버린 국민들이 가난에 허덕이게 만드는 결과를 가져왔다는 것이다.

갑자기 늘어난 돈을 어떻게 사용해야 하는지 모른 채 흥청망청 쓰다보면 어느새 가난에 빠지게 되는 것이다. "망령되이 얻은 재물은 줄어가고, 손으로 모은 것은 늘어 가느니라"(잠 13:11). 명심하자. 대박을 노리다가는 쪽박 차게 된다. 대박은 없다. 그렇다면 가장 안전하고 가장 수익률이 높은 투자는 과연 무엇인가.

"부자들에게는 교만하지 말고 곧 없어질 돈을 의지하지 말라고 일러두시오. 그런 것보다는 오히려 우리를 즐겁게 해주시려고 우리가 필요로 하는 것을 항상 풍족하게 주시는 살아계신 하나님을 자랑하고 그분만을 의지하도록 가르쳐 주시오. 착한 일에 돈을 쓰도록 가르쳐 주시오. 자기가 가진 것은 모두 하나님께서 주신 것이라는 것을 깨달아 언제든지 다른 사람과 기쁘게 나눌 수 있는 마음을 가질 때 그들은 참된 부자가 되고 가난한 사람들에게 기쁜 마음으로 줄 수 있게 되는 것입니다. 그러면 그들은 하늘에다가 참 보화를 쌓는 것이며 이것만이 영원을 대비하는 안전한 투자입니다. 그리고 이렇게 하는 사람은 이 땅위에서도 열매가 풍성한 그리스도인의 생활을 하게 되는 것입니다"(딤전 6:17-19, 현대어 성경).

가장 안전하고 수익률이 높은 투자는 영생에 투자하는 것이다. 우리를 영원히 잘 살게 하시는 하나님께서 기뻐하시는 일에 흔쾌히 돈을 쓰는 것이다. 하나님의 마음은 나의 도움을 필요로 하는 사람들, 즉 가난한 사람들에게 가 있다. 하나님의 관심은 더불어 잘 사는 것이다. 하나님께서 기뻐하시는 착한 일에 돈을 쓰는 것이 영원을 대비하는 가장 안전한 투자이며 이 땅에서도 풍성한 삶을 사는 비결이다.

이러한 사실이 잘 믿기지 않는 사람은 들판에 나가보라. 벼 한 포기에 곡식 낟알이 몇 개나 열리는지, 옥수수 한 그루에서 옥수수 몇 알이 매달려 자라는지 한 번 세어보라. 수백 수천 개의 알맹이들이 풍성하게 자라고 있는 것을 보게 될 것이다. 이것이 바로 자연의 법칙이요, 우리에게 좋은 것 주기 원하시는 하나님, 주는 자에게 풍성하게 갚아 주시는 하나님의 계산법이다.

지혜로운 부자

3

지혜로운
부자와
어리석은
부자

누가복음 12장에 보면 사람들이 참으로 부러워할만한 한 인물이 등장 한다. 그는 자산을 성공적으로 운영해서 큰 부자가 되었다. 그리고는 즐거운 고민에 빠졌다. 앞으로 이 많은 재산을 어떻게 관리해야 할까. 그런데 하나님께서 이 성공한 자산가를 찾아오셔서 이렇게 말씀하신다. "어리석은 자여 오늘 밤에 네 영혼을 도로 찾으리니 그러면 네 준비한 것이 누구의 것이 되겠느냐"(눅 12:20).

아니, 이토록 열심히 산 사람, 그 결과 엄청난 재산을 모아 이제 여생을 편안하게 지낼 생각을 하면서 한참 꿈에 부풀어 있는 이 사람을 가리켜 '어리석은 자'라 말씀하시다니, 대체 어떻게 된 일인가.

우리가 보기에는 너무도 지혜롭고 능력 있는 사람이요, 닮고 싶은 사람인데 어찌 그런 말씀을 하시는지 도무지 이해할 수가 없다.

하나님은 왜 그 부자를 가리켜 어리석은 자라 하신 것일까. 그 이유를 성경은 이렇게 밝히고 있다. "자기를 위하여 재물을 쌓아두고 하나님께 대하여 부요하지 못한 자가 이와 같으니라"(눅 12:21).

그는 이 땅에서 잘 사는 데 몰두하느라 그만 영원한 삶을 준비하지 못했다. 좀 더 편하고 좀 더 안락하게 사는 일에 신경을 쓰느라 정작 생명 자체에는 주의를 기울이지 못했던 것이다. 하루하루 돈 버는 일에 마음을 빼앗겨 하나님의 뜻은 생각할 겨를이 없었던 것이다.

그렇다면 하나님 보시기에 지혜로운 부자란 어떤 사람을 가리키는 것인가. 하나님 보시기에 지혜로운 부자란 하나님께 대하여 부요한 사람이다. 다시 말하자면 물질을 주신 하나님의 뜻에 따라 물질을 관리하고 사용함으로써 천국에 보화를 쌓은 사람이다. 생명의 가치를 알아 영생에 투자한 사람이다.

그러기에 바울은 우리에게 현명하게 투자할 것을 이렇게 권면하고 있다. "자기의 육체를 위하여 심는 자는 육체로부터 썩어질 것을 거두고, 성령을 위하여 심는 자는 성령으로부터 영생을 거두리라"(갈 6:8).

지혜로운 부자

누가 지혜로운 사람인가. 영생을 위해 투자함으로 장차 하나님과 함께 영원한 행복을 누리며 사는 사람인가 아니면 잠시 맛보는 이 땅의 쾌락에 마음을 빼앗겨 하나님께서 허락하신 재물을 자기만 족을 위해 잔뜩 쌓아놓은 사람인가. 얼마 후 사라질 것들에 올인 하는 사람인가, 아니면 영원한 생명을 위해 영광스러운 미래를 위해 하나님께서 주신 것들을 지혜롭게 사용하는 사람인가.

어느 마을에 평소 선행을 많이 하는 한 부자가 있었다. 그 마을에 아주 가난한 목수가 살고 있었는데 어느 날 그 목수를 불러 자기 집을 한 채 지어 달라 부탁을 했다. "내가 얼마간 여행을 하고 돌아올 테니 그동안에 집을 지으시는데 가장 좋은 재료를 가지고 최고의 기술자들을 불러 가능하면 멋지고 큰 집을 지어 주십시오. 내가 필요한 모든 것은 다 대겠소."

부자의 말을 들은 목수가 콧노래를 부르면서 집을 짓기 시작했다. 그런데 일하는 것을 보니 부자가 말한 것 하고는 영 딴 판이었다.

인건비를 아끼기 위해 아주 형편없는 인부들을 불러 모으는가 하면 건축 자재 역시 가장 싸고 볼품없는 것들만 사들였다. 그리고는 집을 날림으로 짓기 시작했다. 도대체 왜 그렇게 하는 것일까. 그의 관심은 좋은 집을 지어 그 집에 살 사람을 기쁘게 하는데 있지 않고 오로지 자기 주머니를 채우는 데 있었기 때문이다.

드디어 약속한 기한이 되자 부자가 돌아왔다. 목수는 집 열쇠를 건네면서 수고비를 요구했다. 그러자 부자는 그 열쇠를 다시 목수에게 건네주면서 이렇게 말했다. "이 집은 내가 평소 당신에게 뭔가 해주고 싶은 마음이 있어서 당신에게 선물로 주려고 짓게 한 것입니다. 이제 들어가 사십시오. 이집은 당신 집입니다." 이 말을 듣는 목수의 표정을 한번 상상해 보라.

우리는 지금 하루하루 영원한 집을 짓고 있다. 나는 지금 어떤 재료를 가지고 어떤 집을 짓고 있는가. 하나님께서 주신 이 좋은 기회를 눈앞의 욕심 때문에 그르치는 일이 있어서는 안 될 것이다. 소유물을 늘리느라 생명을 잃어버리는 참으로 어리석고 불행한 일이 있어서는 안 될 것이다. 심은 대로 거두게 되는 것은 영원히 변치 않는 진리이다.

돈을 사용하는 것은 영적인 결정이다. 나에게 맡겨진 돈은 하나님의 돈이며 우리가 이 돈을 어떻게 사용하느냐에 따라 하늘에서 우리에 대한 보상이 달라질 것이다.

"너희가 만일 불의한 재물에도 충성하지 아니하면 누가 참된 것으로 너희에게 맡기겠느냐"(눅 16:11).

지혜로운 부자

우리가 소유한 재물에는 꼬리표가 붙어 있다. "취급주의! 하나님의 뜻대로 관리할 것!" 하나님께서 우리에게 먹고도 남을 만큼 넉넉한 물질을 허락하신 이유는 과연 무엇일까.

"하나님이 능히 모든 은혜를 너희에게 넘치게 하시나니 이는 너희로 모든 일에 항상 모든 것이 넉넉하여 모든 착한 일을 넘치게 하게 하려 하심이라"(고후 9:8).

이런 의미에서 재산은 권리이자 책임이다. 하나님께서는 많이 맡긴 자에게 많이 요구하신다. 하나님께서 후일 우리에게 "내가 네게 맡긴 그 많은 재산으로 너는 무엇을 하고 왔느냐"라고 질문하실 때 나는 무어라 대답할 것인가.

4

반드시
남겨야 할
유산

사람들이 열심히 재산을 모으는 중요한 목적 가운데 하나는 바로 자식들에게 유산을 물려주기 위한 것이다. 유산은 물려줘야 한다. 문제는 어떤 유산을 물려줘야 하는가 하는 것이다.

과거 농경 시대에는 땅을 물려줘야 먹고 살 수가 있었다. 그런데 지금은 지식 정보 사회이다. 먹고 살기 위해 필요한 지식을 습득하는 것이 무엇보다 중요한 시대이다. 그렇다면 유산의 개념 역시 달라져야하지 않겠는가.

대부분의 가정에서는 자녀들을 대학까지는 뒷바라지를 한다.

지혜로운 부자

필자 역시 형편이 넉넉하지는 않았지만 두 자녀 모두 대학과정을 마치도록 뒷바라지를 했다. 대학을 졸업하기까지 한 자녀에게 평균 3억 원이 들어간다는 통계를 보았다. 그렇다면 요즘 부모들은 자녀들에게 3억 원이라는 적지 않은 유산을 이미 물려준 것이라 할 수 있다.

물론 집 얻는 것이 어려워 보증금을 보태주고, 사업 밑천을 대줄 만큼의 넉넉한 돈이 있다면 그렇게 할 수도 있을 것이다. 그러나 반드시 그렇게 해야 할 필요가 있는 것은 아니다. 왜냐하면 이미 자녀가 자립하는 데 필요한 기반을 다 닦아주었기 때문이다. 대학 교육 이상의 지원은 할 수는 있지만 꼭 필요한 것은 아니다.

수십조 원 재산의 99%를 기부하겠다고 밝힌 투자의 귀재 워런 버핏이 주도해서 벌이고 있는 재산 절반 기부 캠페인에 동참하고 있는 미국 석유 업계의 거물 피켄스는 이런 말을 했다. "나는 돈을 벌고 쓰는 것을 좋아하지만 물려받은 재산은 좋아하지 않는다. 물려받은 재산은 이로움보다 해가 더 크기 때문이다."

중국의 액션 배우 성룡 역시 아들 제이시 챈에게 재산을 물려줄 생각이 없다면서 이렇게 말했다. "아들이 능력이 있다면 스스로 돈을 벌 수 있을 것이고, 만약 능력이 없다면 내 돈을 다 낭비하게 될 것이다."

유산하면 떠오르는 이야기가 있다. 오래 전 필자가 근무하던 은행 지점에 당시 토지 보상금을 적지 않게 받아가지고 있던 노인이 있었다. 그런데 돈이 생기자 평소 잘 찾아오지도 않던 자식들이 뻔질나게 드나들기 시작했다. 이유가 무엇일까. 아버지의 돈을 빼내서 쓰기 위해서였다.

"아버지 이번 사업 자금 한 번만 더 대주시면 다시는 손 벌리지 않겠습니다." 자식들이 몇 차례 드나들며 가진 돈을 거의 다 탕진하게 된 노인이 고개를 절레절레 흔들면서 말했다. "자식이 아니라 원수야, 원수!"

지금 뜻있는 분들 사이에서 유산 안 남기기 운동이 서서히 번져가고 있다. 참으로 바람직한 일이 아닐 수 없다. 어려서부터 미리 이부분에 대해 이야기를 해둔다면 자녀들도 아예 욕심을 부리지 않게 될 것이다.

물질적인 유산은 형편에 따라 남길 수도 있고 그렇지 않을 수도 있다. 그러나 마음먹기에 따라 누구든지 줄 수 있으며 또 반드시 주어야만 하는 유산이 있는데 그것은 바로 믿음의 유산이다.

"베드로가 이르되 은과 금은 내게 없거니와 내게 있는 이것을 네게 주노니 나사렛 예수 그리스도의 이름으로 일어나 걸으라"(행

지혜로운 부자

3:6).

베드로가 이 말을 하게 된 상황을 잠시 살펴보자. 지금 그 앞에는 나면서부터 걷지 못하는 한 사람이 구걸을 하고 있다. 그가 베드로와 요한에게 기대한 것은 동전 한 두 개였을 것이다. 그 정도면 오늘 하루 밥벌이를 충분히 한 셈이니까.

그러나 성령 충만한 베드로는 주님의 마음으로 그를 바라보았다. 그러자 그가 지금까지 살아온 인생이 아프게 다가왔다. 그리고 앞으로 전개될 그의 비참한 인생 또한 그려졌다. 그는 아픈 마음으로 기도하기 시작했다. "주여, 저 사람을 불쌍히 여기사 긍휼을 베풀어 주옵소서."

주님의 응답을 받은 베드로가 그에게 선포했다. "나는 당신에게 돈은 줄 수 없소. 그러나 예수 그리스도 그 이름을 당신에게 주니 이제 일어나 그의 능력으로 새 인생을 살아가시오"(행 3:6, 필자 의역).

만일 베드로가 그에게 돈 몇 푼 던져주고 지나쳤다면 어떻게 되었을까. 그는 죽는 순간까지 사람들의 동정을 바라며 구걸하며 살다가 생을 마쳤을 것이다. 그러나 그는 예수의 이름으로 일어났다. 그리고는 한 번도 살아보지 못한 새로운 삶을 살기 시작했다. 자기 발로 딛고 서는 삶, 자기 힘으로 돈을 벌어 가족을 부양하는 삶, 스스로의 힘으로 일을 해서 세상에 기여하는 보람 있는 삶을 살기 시작한 것이다.

자녀로 하여금 스스로 설 수 있게 해야 한다. 계속해서 물고기를 대 줄 게 아니라 그로 하여금 고기 낚는 법을 익혀 자신의 힘으로 살게 해야 한다. 나를 살게 하는 것은 돈이나 사람이 아니라, 내 삶의 주인이 되시는 예수 그리스도이심을 깨달아 예수를 믿고 예수를 의지해서, 그가 주시는 힘으로 평생을 살도록 해야 한다.

하나님께서 자신의 삶을 책임져 주신다는 사실을 믿게 해야 한다. 그래서 평생 세상이 주는 두려움과 불안이 아니라, 하나님 안에서 평안과 기쁨을 누리며 살도록 해야 한다. 세상의 힘이 아니라 하나님께서 공급하시는 힘으로 살게 해야 한다. 믿음으로 살게 해야 한다. 이것이야말로 자식을 진정으로 사랑하는 길이 아니겠는가.

그리고 그리스도인의 성공은 잘 먹고 잘 사는 게 아니라, 하나님과 함께 하는 것임을 알고, 먹든지 마시든지 무엇을 하든지 하나님께 영광 돌리는 삶을 살도록 해야 한다. 그렇게 자녀들이 영원히 잘 사는 것을 목표로 삼고 살아갈 때 이 땅에서도 세상의 빛과 소금으로 온전한 삶을 살아가게 될 것이다. 그 결과 많은 사람을 주님께 인도하는 능력 있는 삶의 주인공이 될 것이다.

지혜로운 부자

1. 앞으로 어떤 유산을 남기고 싶으십니까. 그 유산을 남기기 위해 어떤 변화가 필요하다고 생각하십니까?

2. 하나님께서는 왜 부자를 보고 어리석다고 말씀하신 것일까요(눅 12:20-21).

3. 대박을 기대하는 사람들에게 성경은 뭐라고 말씀하고 있습니까?(잠 2:21, 13:11)

4. 그리스도인에게 있어서 성공이란 무엇이라고 생각하십니까?

chapter

05

영생에 투자하라

온전한 십일조 생활과 영생이 밀접한 관련이
있다고 말할 수 있는 것은 온전한 십일조를
드리는 그리스도인은 더 이상 세상의 방식에
따라 살지 않고 하나님의 다스리심을 받기
시작했음을 보여주는 것이기 때문이다

인생
역전

누가복음 16장 9절 이하에 보면 부자와 거지 나사로 이야기가 나온다. 부자는 이 땅에서 좋은 옷을 입고 좋은 음식을 먹으며 날마다 잔치를 즐기며 살았고, 그 집 앞에서 구걸하며 살아가는 거지 나사로는 부자 집 개만도 못한 참으로 비참한 삶을 살았다. 그런데 그들이 죽은 후에 상상 밖의 일이 벌어졌다.

나사로는 죽어서 천국에 갔지만 부자는 죽어서 지옥에 떨어지고 만 것이다. 어떻게 이런 일이 있을 수 있단 말인가. 예수께서 이 비유의 말씀을 하실 때 듣고 있던 유대인들이 놀라서 어안이 벙벙한 표정을 짓고 있었을 것이다. 도무지 말도 안 되는 일이 벌어졌기

영생에 투자하라

때문이다.

이 땅에서 잘 살면 하나님의 축복 속에 살았으니 당연히 천국에 가야하고 이 땅에서 거지로 살았다는 것은 하나님의 저주를 받은 것이니 두 말할 것 없이 지옥에 떨어져야 마땅한데 어떻게 이런 말도 안 되는 일어날 수가 있단 말인가.

부자가 지옥에 가게 된 이유가 대체 무엇일까. 돈 많은 게 죄란 말인가. 도대체 그가 무슨 죄를 그렇게 지은 것일까. 예수께서 이 비유의 말씀을 하시게 된 배경을 살펴볼 필요가 있다. 예수께서 하나님과 재물을 겸하여 섬길 수 없다는 말씀을 하시자 그 말씀을 들은 바리새인들의 반응이 누가복음 16장 14절에 나온다.

"바리새인들은 돈을 좋아하는 자들이라 이 모든 것을 듣고 비웃거늘."

그들은 주님의 말씀을 들으면서 비웃었다. 이유가 무엇인가. 예수가 아직 돈 맛을 모르니 순진한 소리를 하고 있다는 생각을 했을지 모른다. 혹은 지금까지 그랬던 것처럼 앞으로도 얼마든지 뒷구멍으로 슬쩍슬쩍 돈을 챙기면서 겉으로는 아주 거룩한 모습을 하고 하나님의 이름을 팔아 돈 버는 일을 계속할 수 있으리라 자신했을지도 모른다.

이유가 무엇이든 그들은 예수께서 하신 말씀이 자신들에게는 해당되지 않는다는 생각을 하고 있었다. 그러한 그들에게 주님께서는 비유를 통해 돈을 섬긴 자들의 최후가 어떤 것인가를 분명히 보여주고자 하신 것이다. 겉으로는 하나님을 섬기는 척 하면서 뒷구멍으로는 돈을 위해서라면 양심도, 법도 없이 무슨 짓이든 다 할 수 있는 자들이 장차 맞이할 운명이 무엇인지를 분명히 알게 하신 것이다.

"돈, 돈"하면서 돈을 좇아 사는 사람들, 돈에 목숨을 건 사람들이 후일 하나님 나라에서 듣게 될 말씀은 바로 이것이다.

"얘 너는 살았을 때에 좋은 것을 받았고 나사로는 고난을 받았으니 이것을 기억하라 이제 그는 여기서 위로를 받고 너는 괴로움을 받느니라"(눅 16:25).

날마다 잔치를 하면서도 집 앞에서 개 취급을 받고 있는 나사로를 전혀 돌아보지 않았던 그 부자는 후일 자신이 행한 그대로 철저한 무관심 가운데 끝없는 고통을 당하게 되었다.

그러나 바닥 생활을 하면서도 오직 하나님을 믿고 의지했던 나사로는 사람들 보기에 개만도 못한 인생이었지만 주님의 위로를 받으며 영원히 행복한 생활을 하게 되었다. 이 보다 더 무서운 인생 역전이 있을까.

다시 한 번 생각해 보자. 부자가 왜 지옥에 가게 되었는가. 돈이 많아서가 아니다. 엄청난 범죄를 저질러서도 아니다. 그가 지옥에 가게 된 것은 단 하나 하나님보다 돈을 더 의지했기 때문이다. 사람보다 돈을 더 사랑했기 때문이다. 나사로에게 따뜻한 밥 한 끼 대접하는 것보다는 자기 집 개를 건강하게 키우는 일에 훨씬 더 정성을 쏟았기 때문이다. 하나님이 아니라 돈을 믿었기 때문이다.

이것이 이 부자만의 일일까. 그렇지 않다. 오직 돈이 최고 가치이며 최고 권력이 된 이 시대, 부익부 빈익빈이 고착화 되는 이 기가막힌 현실을 당연시 하며 부자는 무조건 색안경을 끼고 보고 가난한 자는 은근히 무시하고 학대하는 이 시대, 돈을 위해서라면 부자간의 소송도 불사하고, 이혼도 불사하는 이 시대 사람들 모두에게 해당하는 말씀이다.

예수께서 당신을 따르겠노라 찾아왔다가 그만 돈 문제에 걸려 발길을 되돌린 부자 관리를 보시며 안타까운 심정으로 하신 말씀이 무엇인가.

"예수께서 그를 보시고 이르시되 재물이 있는 자는 하나님의 나라에 들어가기가 얼마나 어려운지 낙타가 바늘귀로 들어가는 것이 부자가 하나님의 나라에 들어가는 것보다 쉬우니라 하시니"(눅 18:24-25).

이 말씀을 보면서 '나는 부자가 아니니 나에게는 해당이 없군' 하는 분들이 있다면 다시 생각해야 할 것이다. 우리는 지금 생각보다 훨씬 더 잘 살고 있다. 이케다 가요코가 쓴 〈세계가 만일 100명의 마을이라면〉이란 책의 일부를 소개한다.

"마을에 사는 사람들 100명 중 20명은 영양실조 상태이고, 1명은 굶어죽기 직전이다. 75명은 먹을 양식을 비축해 놓았고 비와 이슬을 피할 집이 있지만 나머지 25명은 그렇지 못하다. 100명 가운데 17명은 깨끗하고 안전한 물을 마실 수조차 없다. 은행에 예금이 있고 지갑에 돈이 들어 있고 집안 어딘가에 잔돈이 굴러다니는 사람은 마을에서 가장 부유한 8명 안에 드는 사람이다. 게다가 자가용까지 가지고 있다면 그 사람은 100명 중 7명 안에 드는 부자다."

지금 이 글을 읽고 있는 사람 대부분은 아마도 세계 전 인류의 8%안에 든 사람이라고 보면 거의 정확할 것이다. 왜냐하면 적어도 이 책을 사서 읽을 수 있는 정도의 여유가 있으니까 말이다. 생각해 보자 100명 가운데 8명 안에 드는 사람이 스스로를 못 산다고 생각한다면 나머지 92명이 뭐라고 하겠는가.

따라서 성경에 나오는 부자를 볼 때마다 '남 애기가 아니라 바로 내 애기구나'라는 생각을 할 때 비로소 성경을 정확하게 읽기 시작한 것이다. 그렇다면 "부자가 하나님 나라 들어가는 것이 낙타가 바늘귀를 통과하는 것보다 훨씬 더 어렵다"는 주님의 말씀을 들으면서 어찌 두렵고 떨리지 않겠는가.

2

영생과
십일조

그리스도인의 마음이 지금 돈을 향하고 있는지 아니면 하나님을 향하고 있는지를 잘 보여주는 시금석이 있는데, 그건 바로 십일조다. 수입의 십분의 일을 하나님께 바치라는 말씀에 아까운 생각이 든다면 그의 마음이 아직 돈에 가 있다는 증거다.

온전한 십일조를 하나님께 드리는 것이 영생으로 들어가는 관문이 될 수 있다. 어떻게 그렇게 말할 수 있는가. 그리스도인이 온전한 십일조 생활을 한다는 것은 그의 삶의 무게 중심이 세상에서 하나님 나라로 옮겨졌음을 보여주는 것이기 때문이다. 물질이 가는 곳에 마음이 간다.

온전한 십일조 생활과 영생이 밀접한 관련이 있다고 말할 수 있는 것은 온전한 십일조를 드리는 그리스도인은 더 이상 세상의 방식에 따라 살지 않고 하나님의 다스리심을 받기 시작했음을 보여주는 것이기 때문이다. 그리고 그가 세상의 소망이 아니라 하나님께 소망을 두고 살아가기 시작했음을 보여주는 징표가 되기 때문이다.

그러기에 온전한 십일조 생활은 그가 이 땅에서 영생을 살아가고 있음을 보여주는 징표가 될 수 있는 것이다.

믿는 사람 가운데서도 하나님께 십일조 드리는 것을 아까워하는 사람이 있다. 왜 그런가. 내 것을 드리려고 하기 때문이다. 피 땀흘려 번 돈, 열 가운데 하나를 떼서 드린다고 생각해 보라. 얼마나 손이 떨리겠는가. 그러나 그건 자신이 누구인지를 모르기 때문에, 소위 주제 파악을 하지 못해서 일어나는 현상임을 알아야 한다.

하나님 앞에서 나는 누구인가. 하나님은 내 생명의 주인이시다. 하나님은 내가 지닌 모든 소유물의 주인이시다. 그분은 내 삶의 알파와 오메가가 되신다. 내 모든 삶이 그분 손 안에 있다. 그가 나를 만드셨고 그가 내게 이 모든 것을 내주셔서 지금 나는 하나님께서 허락하신 기간 동안 사용하고 있을 뿐이다.

나는 청지기요 관리자일 뿐이다. 그런데 어찌 내 돈을 하나님께 드린다고 말할 수 있는가. 내 돈이 아니라 하나님께서 주신 돈이니 하나님께 다 드려야 마땅하지만 그 가운데 십분의 일만을 구별해서 하나님께 드리는 것이다.

따라서 온전한 십일조를 드리는 사람은 이렇게 신앙고백을 하는 것이다. "주님, 주님은 내 삶의 주인이십니다. 저는 청지기입니다. 제게 주신 모든 것은 다 주님의 것입니다. 여기 주님의 것을 주님께 드립니다. 주님 앞에 나올 때 빈손으로 나오지 않고 이 귀한 물질을 드릴 수 있도록 은혜를 베풀어 주시니 감사합니다."

간혹 십일조로 드려야 할 돈을 가지고 생색을 내는 사람이 있다. 십일조로 드릴 돈의 일부를 선교지에 선교비로 보낸다거나 어려운 교회에 십일조를 한다거나 아니면 구제하는 일에 십일조를 사용하는 것이다. 성경을 보라. 십일조를 어디에 내고 그 드려진 것들을 어떻게 사용했는가.

십일조는 자신이 예배드리는 성전에 드렸고, 성전에서 일하는 레위인들과 제사장들이 그 십일조를 받아 가지고 예배드리는 일에, 그리고 자신들의 생활비에 충당했으며, 어려운 이웃을 구제하는 일에 사용했다. 십일조를 드리는 사람이 자기 원하는 대로 자신이 사용하고 싶은 일에 사용한 것이 아니다.

왜 십일조를 개인적으로 사용하게 된 것일까. 교회가 십일조를 받아 사용하는 것이 자기 맘에 들지 않아서 그런 것일 수도 있고 아니면 은근히 자기 이름을 내려는 공명심에서 비롯된 것일 수도 있을 것이다. 물론 십일조를 사용하는 교회에 문제가 있을 수 있다.

그러나 그러한 이유가 하나님의 뜻을 따라 살지 않는 것을 합리화할 수는 없다. 그렇게 내 방식대로 드린 헌금으로 하나님의 이름이 높아지는가 아니면 내 이름이 오르내리는가. 한번 생각해 보라.

십일조는 자신이 출석하는 교회에 드리고 교회에서 성경의 원리에 따라 구성원들이 정한 원칙에 따라 사용해야 하고, 개인적으로 선교나 구제를 하고 싶다면 십일조를 드리고 남은 돈에서 별도로 하는 것이 마땅하다.

십일조 이야기를 하면 간혹 나오는 질문이 있다. 십일조는 율법에 따른 것인데 은혜의 시대에 굳이 율법에 따른 헌금을 할 필요가 있는가 하는 것이다. 성경을 자세히 보면 십일조는 율법 제정 이전에 드려졌다. 창세기 14장에 보면 아브람이 하나님의 제사장 멜기세덱에게 십일조를 드리는 장면이 나온다. 이때가 언제인가. 율법이 주어지기 약 3백 년 전의 일이다. 율법과는 전혀 상관이 없는 것이다.

어떤 분은 십일조를 드릴 때 세금 공제 전에 드리는 게 옳은지, 세금 공제 후에 드리는 게 맞는지를 질문하기도 한다. 왜 이런 질문

영생에 투자하라

이 나오게 된 것인가. 한 마디로 아까운 것이다. 애인이 밥을 사주는데 늘 어떻게 하면 값싼 식당에 가서 제일 저렴한 음식을 골라 주문할 지를 생각한다면 그 애인을 어떻게 봐야 하는가.

형편에 따라 사는 게 맞지만 그래도 상대방을 진심으로 사랑한다면 그중 나은 것으로 대접하려고 노력하는 게 사랑하는 사람의 마땅한 모습일 것이다. 하나님께 십일조를 드릴 때 어떤 마음으로 드리는 것을 하나님께서 기뻐하실까.

그러기에 온전한 십일조란 바리새인들처럼 내 수입에서 정확하게 십분의 일을 구분해서 정확하게 따져 드리는 것이 아니라 아브라함이 그랬듯이 내게 생명을 주신 하나님께, 나를 보호하시고 지켜주신 하나님께 감사한 마음으로 온 마음과 정성을 다해 드리는 것이다.

그러기에 주님은 우리에게 바리새인들이 열에 하나를 철저하게 구분해서 드리는 것과 더불어 정의와 자비와 그리고 신의를 지키는 자세와 마음가짐을 요구하셨던 것이다(마 23:23). 하나님은 즐겨내는 자를 사랑하신다.

간혹 복 받으려면 십일조를 해야 한다고 굳게 믿고 있는 성도를 만나게 된다. 그 생각이 완전히 틀렸다고 할 수는 없다. 그러나 복을 받기 위해 십일조를 드리는 것은 문제가 있다. 이 말은 마치 자판기에 동전 넣고 물건 나오기를 기다리는 모습을 연상시킨다. 하나님은 자판기가 아니다.

그렇다면 왜 이런 생각을 하게 된 것일까. 말라기 3장 10절에 대한 오해 때문이다.

"만군의 여호와가 이르노라 너희의 온전한 십일조를 창고에 들여 나의 집에 양식이 있게 하고 그것으로 나를 시험하여 내가 하늘 문을 열고 너희에게 복을 쌓을 곳이 없도록 붓지 아니하나 보라."

언뜻 이 말씀을 보면 십일조가 마치 복 받는 조건처럼 보인다. 그러나 이 말씀을 하시게 된 배경을 살펴봐야 한다. 이 본문은 하나님의 백성들이 하나님께 온전한 예배를 드리지 않고 하나님의 백성답게 살지 못하는 것을 꾸짖는 상황에서 나온 하나님의 한탄어린 권면의 말씀일지언정 십일조를 가지고 복을 줄지 말지 홍정하시는 말씀이 전혀 아니다.

한 마디로 하나님을 온전한 마음으로 섬기는 것을, 다시 말해서 하나님 경외하는 그 마음을 십일조를 통해 한번 보여 달라는 것이다. 그러면 하나님께서도 예비하신 복을 내려주시겠다는 것이다. 십일조가 관건이 아니라 그들의 진심어린 예배가 중심 화두인 것이다.

영생에 투자하라

이 말씀을 복 주시는 조건으로 철석같이 믿고 어려운 형편 중에도 십일조를 드린 성도들이 "왜 십일조를 드렸는데 내 형편은 계속해서 풀리지 않는 가" 하면서 원망어린 말을 하는 것을 종종 보게 된다. 하나님은 우리와 거래하시는 분이 아니다. 우리가 무언가를 하면 자판기처럼 내가 원하는 대로 즉각 반응하시는 분이 아니시다.

간혹 말씀을 전하는 분들 가운데 하나님께 최선을 다해 헌금하면 하나님께서 반드시 복을 주셔서 모든 문제를 해결하고 큰 부자로 만들어 주실 것이니 믿고 헌금하라고 말씀하시는 분들을 간혹 보게 된다. 그러나 우리에게 복을 주고 안 주시고는 하나님의 주권에 속한 것이다. 우리가 이래라 저래라 할 사항이 아니다. 우리는 다만 하나님의 말씀에 순종할 뿐이다.

욥의 고백을 들어보자. "그대의 말이 한 어리석은 여자의 말 같도다 우리가 하나님께 복을 받았은즉 화도 받지 아니하겠느냐 하고"(욥 2:10).

우리는 분명히 믿는다. 하나님은 선하시고 자비와 긍휼이 한이 없으시다. 당신의 자녀의 삶을 책임져 주시고 당신의 자녀의 필요를 아시고 때를 따라 공급해 주실 것이다. 때로는 우리에게 고난을 주시지만 선하신 뜻 가운데 합력해서 선을 이루게 하실 것이다.

그러기에 지금 혹시라도 고난 가운데 있는 성도가 있다면 이 점을 기억하자. 하나님께서는 당신의 자녀가 환란당하는 것을 보시고 안타까운 마음으로 지켜보시다가 당신의 때에 감당할 힘을 주시든지, 아니면 반드시 피할 길을 내실 것이다.

"가산이 적어도 여호와를 경외하는 것이 크게 부하고 번뇌하는 것보다 나으니라"(잠 15:16).

욥의 인생의 결말을 주목해 보라. 고난은 우리가 하나님께 버림받았음을 보여주는 징표라기보다는 사랑하는 자를 징계하셔서 더욱 온전케 하시려는 하나님의 사랑의 징표이다.

3

영생에
투자하라

2007년 초 존경하는 새문안교회 이수영 목사님으로부터 연락이 왔다. "김 목사, 관심을 가질 만한 성경 공부가 있는데 와보지." 가서 보니 미국 크라운 성경적 재정 사역에서 주관하는 성경적 재정관리 공부였다.

성경 공부를 끝내고 필자는 새로운 세계를 보게 되었다. 앞으로 한국교회에 이 사역을 확장시키는 일에 쓰임 받고 싶은 마음이 생겼다. 필자가 그렇게 결심하게 된 것은 성경공부의 내용이 맘에 들기 때문이기도 했지만 더 중요한 것은 성경 공부를 인도하셨던 미국 LA 벧엘 한인교회 박종식 장로님의 인품 때문이었다.

박종식 장로님은 젊은 시절 미국에 유학 가서서 의학을 공부 하시고 정형외과 전문의로 평생을 미국 주류 사회에서 활동 하시다가 오래 전 은퇴하셨다. 십여 년 전 성경적 재정관리에 대한 내용을 접하신 후 미국 내 여러 교회에 이 사역을 전파하시다가 당신의 조국 대한민국에 이 사역을 전파하기로 결심하셨고, 한국에 오셔서 사역을 하시던 중 새문안교회까지 찾아오셨던 것이다.

장로님을 가까이 하면서 더욱 존경하게 된 것은 그분이 참으로 하나님 앞에 부끄러울 것이 없는 종으로 서기 위해 부단히 노력하실 뿐 아니라 하나님의 뜻이라는 확신이 들면 그야말로 목표를 달성할 때까지 끊임없이 노력하시고, 기회가 주어지면 몸을 아끼지 않으시고 최선을 다해 일하시는 모습 때문이었다.

팔십 중반의 적지 않은 연세에도 일 년에 몇 차례씩 직접 한국에 오셔서 한 달 혹은 두 달 가량 모든 비용을 당신이 다 부담하시면서 사역을 하신다. 원하는 교회는 어디든 불편함을 무릅쓰고 찾아가셔서 말씀을 전하시고 성경 공부를 인도하시는 그 열정과 헌신을 보면서 감동하지 않을 수가 없다. 장로님의 그 뜨거운 헌신이 나를 사로잡았다. 그것은 또한 하나님의 부르심이었다.

박종식 장로님을 뵈면서 필자의 머리에 떠오른 성경 구절이 있다. 빌립보서 3장 13-14절 말씀이다.

"형제들아 나는 아직 내가 잡은 줄로 여기지 아니하고 오직 한

영생에 투자하라

일 즉 뒤에 있는 것은 잊어버리고 앞에 있는 것을 잡으려고 푯대를 향하여 그리스도 예수 안에서 하나님이 위에서 부르신 부름의 상을 위하여 달려가노라."

장로님께서 편안하게 살려고 마음먹었다면 미국 LA 얼바인, 살기 좋은 곳에서 골프를 즐기면서 느긋하게 사시면 될 일이었다. 세계 이곳저곳 좋은 곳 찾아 유람을 하시면서 맘에 맞는 친구들과 함께 즐겁고 편안하게 여생을 즐기면서 사실 수도 있었을 것이다.

그분이 노구를 이끌고 미국 이곳저곳을 찾아다닐 이유가 무엇인가. 멀리 한국에까지 오셔서 좁은 원룸을 얻어놓으시고 때로는 김밥으로 끼니를 해결하시면서 오라는 곳이면 원근을 막론하고 찾아가서 말씀을 전하시고 성경공부를 인도하실 이유가 대체 무엇인가. 그렇게 한다고 그야말로 돈이 나오나 누가 알아주기를 하나.

단지 그는 진정한 삶의 목표를 발견했던 것이다. 그 목표를 위해 당신의 시간과 물질, 당신의 온 정성과 힘을 다 쏟아 붓고 계신 것이다. 가장 귀한 것을 위해 당신의 인생을 거룩한 열정으로 불사르고 있는 것이다.

인생은 투자이다. 최고의 투자란 잠시 반짝 하고 마는 것이 아니라 영원히 이익을 얻는 것이다.

그런데 이런 투자는 이 세상에는 존재하지 않는다. 주식이든 부동산이든 채권이든 금이든 어떤 투자 대상도 한 번 올라갔다면 반드시 내려오게 돼 있다. 반드시 불황이 찾아온다. 부동산 불패 신화도 이제 서서히 저물어가고 있다.

"너희를 위하여 보물을 땅에 쌓아 두지 말라. 거기는 좀과 동록이 해하며 도둑이 구멍을 뚫고 도둑질하느니라. 오직 너희를 위하여 보물을 하늘에 쌓아 두라. 거기는 좀이나 동록이 해하지 못하며 도둑이 구멍을 뚫지도 못하고 도둑질도 못하느니라. 네 보물 있는 그곳에는 네 마음도 있느니라"(마 6;19-21).

그렇다. 최고의 투자는 영생에 투자하는 것이다. 예수께 투자하는 것이다. 하나님께 드리는 것은 시간이든 물질이든 재능이든 드리는 순간 영원한 가치를 지니게 된다. 마치 똑같은 건물이라도 하나님을 위해 사용될 때 거룩한 성전이 되고, 똑같은 그릇이라도 하나님께 드려질 때 성구 즉 거룩한 그릇으로 구별되는 것처럼 말이다.

그렇다면 이 땅에 살면서 영원에 투자하는 사람과 지금 여기가 전부인 것처럼 사는 사람은 이후 그들의 인생이 어떻게 전개될 것인가. 재미있는 이야기가 있다.

어느 섬 주민들은 바깥세상 정보를 얻기 위해 풍랑을 만나 표

영생에 투자하라

류해온 사람을 왕으로 모시는 풍습이 있었다. 일 년을 왕으로 받들어 모신 뒤에는 온 모습 그대로 다시 바다로 떠나보낸다. 일 년 동안 모든 좋은 대우를 받고 원하는 만큼 재물도 모을 수 있지만 갈 때가 되면 모든 것을 다 그대로 놔두고 자신이 올 때 그 모습 그대로 다시 떠나야만 하는 것이다. 그러니 결국 널빤지에 매달려 거센 파도가 몰아치는 험한 바다에 잠시 이리저리 떠다니다가 죽을 수밖에 없는 것이다.

한 사람이 떠내려 와서 왕이 되었다. 그런데 이 사람은 달랐다. 그는 섬의 풍습에 대해 듣고 나서 한동안 궁리를 하더니 가까운 무인도를 찾아 나섰다. 왕이니 사람들을 동원해서 그곳에 식량과 물을 저장하고 배도 갖다 놓는다. 금세 약속한 일 년이 지나가고 이 사람 역시 자기가 타고 온 널빤지에 실려 쫓겨나게 되었다.

이 사람이 쫓겨나면서 슬퍼했을까. "당신들 나한테 이럴 수 있어"라고 하면서 사람들을 원망했을까. 아니다. 그는 이미 준비가 다 돼 있었다. 여유 있게 준비된 섬으로 옮겨가 그곳에서 자신이 마련해 놓은 것으로 느긋하게 나머지 인생을 즐기기 시작했다.

우리도 마찬가지다. 이 세상에서 제아무리 화려하게 산다 해도 떠날 때에는 다 두고 떠나야 한다. 자기 게 아닌 것이다. 빈손으로 왔으니 올 때의 모습 그대로 빈손으로 떠나야만 하는 것이다. 그러나 지혜로운 사람은 사는 동안 얼마 안 있어 옮겨 가 살게 될 영원한 나라를 위해 부지런히 준비할 것이다. 영원을 생각하며 그곳에 미리미리 투자를 해둘 것이다.

"하나님이 모든 것을 지으시되 때를 따라 아름답게 하셨고 또 사람들에게는 영원을 사모하는 마음을 주셨느니라. 그러나 하나님이 하시는 일의 시종을 사람으로 측량할 수 없게 하셨도다"(전 3:11).

영원한 나라가 다가오고 있다. 그러나 그 완성의 시기는 알 수 없다. 우리 주 예수께서도 모르시고 다만 하나님 아버지만 아신다. 그러니 "예수께서 몇 년 몇 월 며칠에 오십니다"라고 하면서 주님 다시 오실 때를 족집게처럼 말하는 사람들은 참으로 용감한 자들이다. 무식하면 용감하다.

영원한 나라가 언제 이 땅에 이루어질 지, 그 때는 알 수 없지만 우리가 한 가지 알 수 있는 것은 그 완성의 시기가 점점 가까워지고 있다는 것이다. 그러기에 지금 이 순간에도 예수와 함께 하는 사람들은 다가오는 본향을 바라보며 살아간다.

인생은 기회다. 무슨 기회란 말인가. 영생을 준비할 수 있는 기회이다. 지금 여기서 어떻게 사느냐가 영원한 삶의 질을 결정하

영생에 투자하라

게 될 것이다. 이 땅에 사는 동안 어디에 관심을 두고 사는가가 후일 영원한 나라에서 받을 우리의 상급을 결정하게 될 것이다.

"만일 누구든지 금이나 은이나 보석이나 나무나 풀이나 짚으로 이 터 위에 세우면 각 사람의 공적이 나타날 터인데 그 날이 공적을 밝히리니 이는 불로 나타내고 그 불이 각 사람의 공적이 어떠한 것을 시험할 것임이라. 만일 누구든지 그 공적이 불타면 해를 받으리니 그러나 자신은 구원을 받되 불 가운데서 받은 것 같으리라"(고전 3:12-15).

이 말씀을 보면서 궁금한 생각이 든다. 어떤 것이 금이나 은이나 보석이고 어떤 것이 풀이나 짚이란 말인가. 무엇이 불에 타는 재료이고 무엇이 불에 타지 않는 재료일까. 이 말씀을 이해하기 위해 예수께서 하신 말씀을 참고할 필요가 있다.

"또 누구든지 제자의 이름으로 이 작은 자중 하나에게 냉수 한 그릇이라도 주는 자는 내가 진실로 너희에게 이르노니 그 사람이 결단코 상을 잃지 아니하리라 하시니라"(마 10:42).

"그러므로 구제할 때에 외식하는 자가 사람에게서 영광을 받으려고 회당과 거리에서 하는 것 같이 너희 앞에 나팔을 불지 말라 진실로 너희에게 이르노니 그들은 자기 상을 이미 받았느니라

너는 구제할 때에 오른손이 하는 것을 왼손이 모르게 하여 네 구
제함을 은밀하게 하라 은밀한 중에 보시는 너의 아버지께서 갚으
시리라"(마 6:2-4).

무슨 말씀인가. 섬기고 봉사하는 일을 하되 자기 이름을 나타
내기 위한 것이 아니라, 주님의 영광을 위해 주님의 심부름꾼 노
릇을 할 때 주님께서 그 행위가 불타지 않고 상을 받게 하시겠다
는 것이다.

다시 말해서 육신의 생각 즉 은근히 후일 자신에게 돌아오게
될 반대급부를 생각하면서 한 공적은 불타버리고 오로지 하나님
께서 영광 받으실 것을 생각하면서 하나님 나라를 위해 행한 공적
은 냉수 한 그릇처럼 제아무리 미미한 것이라 하더라도 불타지 않
고 상을 받게 될 것이라는 말씀이다.

요한복음 12장에 보면 예수께서 나사로의 집에 묵고 계시는
동안 마리아가 값비싼 향유를 주님 발에 부어드리는 장면이 나온
다. 그런데 마리아가 주님께 기름을 부어드리는 것을 지켜보던 가
룟 유다가 그것을 보고 이렇게 말한다.

"이 향유를 어찌하여 삼백 데나리온에 팔아 가난한 자들에게
주지 아니하였느냐"(요 12;5).

가룟 유다의 말을 들으면 여인이 아무 생각 없이 그 비싼 돈을 낭비한 것처럼 들리고, 가룟 유다는 가난한 사람들을 무척이나 생각하는 아주 자비롭고 지혜로운 사람처럼 보인다. 과연 그럴까. 주님께서 그 모습을 보시고 말씀하셨다.

"내가 진실로 너희에게 이르노니 온 천하에 어디서든지 이 복음이 전파되는 곳에서는 이 여자가 행한 일도 말하여 그를 기억하리라 하시니라"(마 26:13).

주님께서는 여인의 손을 들어주셨다. 그 여인의 아름다운 행적을 영원히 잊지 않고 기억하시겠다 말씀하셨다. 마리아가 그렇게 한 이유가 무엇일까. 그녀는 이제 주님 마지막 가시는 길에 자신이 지닌 것 가운데 가장 귀한 것을 드리고 싶었던 것이다. 주님을 사랑하는 마음에 수백만 원짜리 향유도 전혀 아깝지 않았던 것이다.

그녀는 영원히 가치 있는 일에 자신의 전 재산을 투자했다. 참된 생명을 위해, 영생을 위해 이 땅의 것을 허비했던 것이다. 그것은 참으로 지혜로운 투자였다.

그러나 가룟 유다는 이후 어떻게 했는가. 대제사장을 찾아가 돈을 받고 예수를 그들의 손에 넘겨줄 기회를 노리기 시작했다. 그가 구실로 내세운 선행 속에는 탐심이 도사리고 있었던 것이다.

그는 당장 손에 들어온 현찰에 눈이 멀어서, 당장 잘 사는 일에 마음을 빼앗겨 그만 영원한 생명을 잃고 말았다.

성경을 읽다 보면 간혹 언뜻 이해가 가지 않는 부분이 있다. 누가복음 16장에 보면 주인의 재산을 낭비한 형편없는 청지기를 주인이 칭찬하는 장면이 나온다.

"주인이 이 옳지 않은 청지기가 일을 지혜 있게 하였으므로 칭찬하였으니 이 세대의 아들들이 자기 시대에 있어서는 빛의 아들들보다 더 지혜로움이니라"(눅 16:8).

주인의 재산을 낭비한 청지기에게 칭찬을 하다니 대체 어떻게 된 일인가. 주인이 그를 칭찬한 이유가 무엇인가. 그 이유를 주인은 이렇게 밝히고 있다.

"내가 너희에게 말하노니 불의의 재물로 친구를 사귀라 그리하면 그 재물이 없어질 때에 그들이 너희를 영주할 처소로 영접하리라(눅 16:9).

무슨 말씀인가. 돈이 아니라 사람이 중요하다는 것이다. 지금 내 손에 있는 재물로 영원을 준비하라는 것이다. 지금 기회가 있을 때 영생을 위해 투자하라는 것이다.

영생에 투자하라

영원히 가치 있는 일에 돈을 사용함으로써 지금부터 영생의 은혜가운데 살아가라는 말씀이다.

간혹 이다음에 출세를 하고 돈을 많이 벌면 장애인들을 위한 시설을 지어 그들과 여생을 함께 살고 싶다는 이야기하는 사람을 만난다. 저는 그분에게 이렇게 권면한다. 그렇다면 지금부터 그런 분들이 계신 곳에 정기적으로 찾아가시고 단 돈 만원이라도 매달 일정액을 그곳에 후원하십시오. 그래야 그 꿈을 이룰 수 있을 것입니다.

원하기만 한다고 되는 것이 아니다. 바라는 게 저절로 이루어지는 일은 결코 일어나지 않는다. "천 리 길도 한 걸음부터"라는 속담처럼 장차 1억을 내놓는 것보다는 지금 만원을 내놓는 것이 훨씬 더 중요하다. 관심이 가는 곳에 지금 내 시간과 물질을 드리는 것이 중요한 것이다.

부끄럽지만 필자의 경우를 예로 들어보겠다. 필자는 지금 '생명의 길을 여는 사람들'이라는 단체에 매월 일정액을 후원하고 있다.

세상에는 아직도 세 모녀 자살 사건에서 본 것처럼 50만원, 100만원이 없어서 삶을 포기하는 이들이 있다. 고금리의 사채에 목숨을 담보하는 이들이 있다. 이 단체에서는 사회적으로 돌봄을 받지 못하는 이들이 극단적인 선택을 하기 전 아주 적은 돈을 대출해줌으로써 그들로 하여금 삶의 희망을 버리지 않고 다시 재기할 수 있도록, 어쩌면 마지막 생명의 디딤돌이 되어주려고 노력하고 있다.

어떤 분은 야채를 싣고 다니며 파는 트럭이 노후 되어 새 차를 마련해야 하는데 차를 살 돈이 없어 고민하고 있다가 이곳에 문을 두드려 3백만 원을 대출 받아 자그마한 중고 트럭을 마련할 수 있었고, 어떤 경우는 방 얻을 돈이 없어 노숙할 수밖에 없는 딱한 처지에 있는 분이 아주 적은 주거 공간을 마련하기 위해 대출을 신청하는 경우도 있었다.

참으로 하나하나 사정이 딱한 분들이 2백 혹은 3백 만 원의 적은 돈을 대출 받아 다시금 힘을 내서 살아가는 모습을 보면서 큰 보람을 느끼곤 한다.

물질이 가는 곳에 마음이 간다. 정말 선교를 원한다면 선교 기금을 내야한다. 정말 어려운 이들의 복지를 생각하고 있다면 나도 힘들지만 주머니에서 단 돈 만원이라도 꺼내야 한다. 그럴 때에 나를 통해 하나님의 선하신 뜻이 조금씩 이루어질 것이다.

영생에 투자하라

4

지금
여기에서
영생을 사는
사람들

LCD 특허권을 가지고 있었고 많은 기업에서 스카우트 제의를 받았던 일본 최고의 과학자 가운데 한 사람인 후쿠시케 다카시라는 사람이 있다. 이 사람이 어느 날 갑자기 뇌경색으로 쓰러져 거의 뇌사 상태나 다름없는 혼수상태에 빠지고 말았다.

그는 혼수상태에 빠져 있다가 21일 만에 기적적으로 깨어난 뒤 '100-1=0'라는 글을 액자에 적어 자기 방에 걸어두었다. 그 의미를 그는 이렇게 설명한다. "이것은 제 인생의 간증입니다. 저는 그동안 '100'의 인생이 되기 위해 노력했고 또 '100'을 성취했다고 생각했습니다. 그러나 저는 '0'이 되고 말았습니다. 하나님께서 '1'을 나에게서 가져갔기 때문에 '0'밖에 남은 것이 없게 된 것입니다.

그런데 하나님께서는 다시 저에게 '1'을 선물로 주셨습니다. 바로 붉은 색의 '1' 곧 나를 위해 십자가에서 보혈을 흘리신 예수님입니다. 예수님이 나에게 오실 때에 '0'이 다시 '100'으로 변화 되었습니다. '1'안에 영의 생명이 있습니다. 우리에게 영적인 생명이 빠지게 되면 아무 것도 아닌 것입니다. 생명이신 그분을 잊고 살았던 저의 삶은 사실 '0' 그 자체였습니다.

아버지의 역사는 아무 것도 없을 때 시작되었습니다. 예수님이 나에게 오실 때에 나는 영적으로 '100'의 사람이 되었습니다. 예수님 없는 '100'은 잠깐 있다가 없어지는 안개와 같은 것입니다 예수님만 여러분에게 오시면 아무것도 없어도 주님 안에서 아름답고 멋진 '100'의 인생이 시작된 것입니다."

"여호와께서 이와 같이 말씀하시되 지혜로운 자는 그의 지혜를 자랑하지 말라 용사는 그의 용맹을 자랑하지 말라 부자는 그의 부함을 자랑하지 말라"(렘 9:23-24).

하나님 앞에서 우리가 무엇을 자랑할 수 있는가. 하나 밖에 없는 외아들의 생명을 내주신 하나님, 우리의 필요를 다 채워주서서 우리로 하여금 이 땅에서 능력 있게 살아갈 수 있도록 해주신 하나님의 은혜를 생각하면 겸손히 고개를 숙이게 된다.

토마스 아 켐피스는 자신의 책 〈그리스도를 본받아〉에서 이렇게 말한다. "세상에는 두 부류의 사람이 있다. 하나는 본성에 따라 사는 사람이고 다른 하나는 은총을 따라 사는 사람이다. 본성은 스스로의 이익과 도움을 위해 모든 것을 조종한다. 본성은 보수를 받지 않으면 아무 일도 하지 않는다. 친절을 베풀 때도 그것에 상당한 것이나 더 나은 것 혹은 적어도 칭찬이나 호의를 얻고자 하고 일과 재능과 말이 높은 평가를 받기를 바란다.

하지만 은총은 세상의 것을 기대하지 않고 하나님 이외에 어떤 보상도 바라지 않고 영원한 것들을 획득하는 데 유용한 것들 이외에는 세상에서 필요한 것들을 더 많이 가지려고 하지 않는다. 본성은 모든 것을 자신에게 돌리고 자신을 내세우려고 애쓰고 주장한다.

그렇지만 은총은 모든 것을 그 근원이 되시는 하나님께 돌린다. 본성은 탐욕스럽고 자신이 주는 것보다 더 많은 축복을 기대한다. 본성은 사적 소유를 즐긴다. 그러나 은총은 가난한 이들에게 관대하며 작은 것에 만족한다. 은총은 '주는 것이 받는 것보다 복이 있다'고 생각한다."

이 땅에서 하나님의 은총을 따라 살아가는 사람에게 나타나는 특징이 있다. 그게 무엇인가. 그것은 한 마디로 만족과 감사이다.

"여호와는 나의 목자시니 내게 부족함이 없으리로다. 그가 나를 푸른 풀밭에 누이시며 쉴만한 물 가로 인도하시는 도다 내 영혼을 소생시키시고 자기 이름을 위하여 의의 길로 인도하시는 도다... 내 평생에 선하심과 인자하심이 반드시 나를 따르리니 내가 여호와의 집에 영원히 살리로다"(시 23편).

목자의 돌봄을 받으며 살아가는 양의 확신이 무엇인가. 먹을 것이 떨어져도 걱정하지 않는다. 왜 그런가? 목자가 내 필요를 알고 있으니 어떻게 해서든 먹게 할 것이기 때문이다. 어떤 위험에 처해도 불안해하지 않는다. 어떻게 그럴 수 있는가? 자신을 끔찍이도 사랑하는 목자가 앞서 가면서 모든 위험 요소를 제거한 후에 안전하게 지나가도록 도와줄 것을 믿기 때문이다.

양에게 있어 최고의 행복은 바로 목자이다. 그가 함께 있다면 무엇이든 다 가능하기 때문이다. 그러기에 목자 곁에 있는 양의 입에서는 언제나 만족과 감사의 찬양이 흘러나온다.

"예수가 함께 계시니 시험이 오나 겁 없네 기쁨의 근원되시는 예수를 위해 삽시다 날마다 주를 섬기며 언제나 주를 기리고 그 사랑 안에 살면서 딴 길로 가지 맙시다"(찬송가 325장 1절).

영생에 투자하라

어떻게 항상 기뻐하고 범사에 감사할 수가 있다는 말인가. 가능한 일인가.

오직 예수와 함께 살아가는 사람만이 알 수 있는 신비요, 주님을 최고의 행복이요, 성공으로 삼고 살아가는 사람만이 할 수 있는 믿음의 고백이 아닐 수 없다.

한국 전쟁 때의 일이다. 부산에 피난 가서 감사주일을 맞이하게 되었는데 저녁 예배 시간에 저마다 받은 은혜에 감사하는 시간을 갖게 되었다. 어느 장로가 나와서 간증을 했다.

"저는 피난을 와서 장사를 했는데 서울에서 살 때보다 여기 와서 더 부자가 되었습니다. 얼마나 감사한지 모르겠습니다." 어느 집사는 "우리 온 가족이 이런 동란 속에서도 다 평안히 지내게 해주신 것을 감사합니다"라고 하며 간증을 했다.

마지막으로 한 청년이 나와서 말했다. "전 아무 가진 것도 없고 자랑할 것도 없습니다. 부모님은 폭격에 세상을 떠나셨고 하나 밖에 없던 형님은 전사했습니다. 내가 의지할 분은 하나님 밖에 없습니다. 그러나 저는 이 시간 여기 살아있다는 것만으로도 하나님께 감사합니다."

그렇다. 하나님께 소망을 둔 사람만이 어떤 형편에서든지 자족할 수 있다. 주 예수 그리스도의 구속의 은혜를 마음에 품고 살아가는 사람만이 범사에 감사할 수 있다.

감사의 눈으로 세상을 보면 세상은 온통 감사한 일로 가득하다. 그러기에 믿는 자는 염려와 불평 대신 감사함으로 기도한다. 이렇게 감사를 찾아서 심는 사람이 결국에는 기쁨으로 감사의 열매를 먹게 될 것이다.

평생 예수의 십자가와 부활을 마음에 품고 살아간 바울의 고백이다. "나는 비천에 처할 줄도 알고 풍부에 처할 줄도 알아 모든 일 곧 배부름과 배고픔과 풍부와 궁핍에도 처할 줄 아는 일체의 비결을 배웠노라. 내게 능력 주시는 자 안에서 내가 모든 것을 할 수 있느니라"(빌 4:12-13).

필자는 강의할 때마다 이렇게 힘주어 강조한다. '있으면 감사, 없으면 자족' 하나님께서 원하는 것을 허락하시면 감사함으로 받고, 만일 주시지 않는다면 이미 내게 있는 것으로 지혜롭게 살라 하신 뜻으로 알아 자족하며 살아가면 되는 것이다. 그러니 있으면 감사요 없으면 자족인 것이다.

"하나님께서 지으신 모든 것이 선하매 감사함으로 받으면 버릴 것이 없나니"(빌 4:4).

한번 쯤 음미해 볼 만한 이야기가 있다. 어떤 사람이 죽어 천국에 가보니 천사들이 무언가를 열심히 포장하고 있었다. 궁금해서 물어보니 사람들에게 줄 '복'을 포장하고 있다고 한다. 그런데 포장지가 무언가 자세히 들여다보니 다름 아닌 '고난'이었다. 고난은 단단해서 내용물이 파손되지 않고 잘 벗겨지지 않아 포장용으로 아주 제격이라는 것이다.

그러면서 천사가 하는 말이 "그런데 사람들이 고난이라는 껍데기만 보고 받지 않고 피해버리거나, 받아 놓고서도 껍질을 벗기지 못하고 그 안에 있는 복을 꺼낼 생각도 하지 못하면서 어쩔 줄 몰라 한다"는 것이다.

그럼 그 포장지를 어떻게 벗길 수 있는가 물었더니 고난이라는 포장지를 벗기고 복을 꺼내는 열쇠는 바로 '감사'라는 것이다.

그런데 사람들이 고난으로 포장된 선물을 받으면 감사하기 보다는 불평을 해서 껍질이 더 단단해 지는 바람에 그 안에 있는 복이 세상에 나와 보지도 못하는 경우가 많다고 한다.

그렇다. 하나님께서 허락하신 모든 일이 기쁜 일이든 혹은 슬픈 일이든 성공이든 실패든 부요함이든 가난이든 무엇이든 하나님께서 나에게 허락하셨다면 거기에는 반드시 하나님의 선하신 뜻이 들어있는 것이니 감사함으로 받아들이면 되는 것이다.

그러면 하나님께서 그 모습을 보시고 기뻐하시며 예비하신 복을 부어주실 것이다. 하나님의 선하신 뜻을 믿고 믿음으로 살아가는 자는 결국에는 하늘의 풍성한 결실을 거두게 될 것이다.

사도바울은 사랑하는 믿음의 아들 디모데에게 보낸 마지막 편지에서 이렇게 권면하고 있다. "너는 이것을 알라 말세에 고통 하는 때가 이르러 사람들이 자기를 사랑하며 돈을 사랑하며 자랑하며 교만하며 비방하며 부모를 거역하며 감사하지 아니하며 거룩하지 아니하며 무정하며 원통함을 풀지 아니하며 모함하며 절제하지 못하며 사나우며 선한 것을 좋아하지 아니하며 배신하며 조급하며 자만하며 쾌락을 사랑하기를 하나님 사랑하는 것보다 더하며 경건의 모양은 있으나 경건의 능력은 부인하니 이 같은 자들에게서 네가 돌아서라"(딤후 3:1-5).

마치 사도 바울이 한국에 와서 몇 달간 생활한 후에 기록한 게 아닌가 하는 생각이 들 정도로 우리의 실상을 정확하게 보여주고 있어 짐짓 놀라지 않을 수 없다. 그렇다면 우리는 이러한 때에 어떻게 처신해야 것인가. 어떻게 해야 경건의 모양이 아니라 경건의 능력으로 우리 삶의 주인 되시는 주님 기뻐하시는 삶을 살 수 있을 것인가.

돌아서야 한다. "돈, 돈"하면서 사는 데서 돌이켜 사람을 귀하게 여기며 영혼을 구원하고 사랑을 실천하는 삶을 살아야 한다. 자기 자신만 아는 삶에서 돌이켜 이웃을 돌아보는 삶을 살아야 한다. 이 땅에서 무언가를 보여주려는 삶에서 돌이켜 영생을 위해 투자하는 삶을 살아야 한다. 걱정과 불안한 마음에서 돌아서서 베푸신 은혜를 기억하며 믿음으로 감사하는 삶을 살아야 한다.

경건의 능력을 힘입어 사는 사람, 지금 여기에서 영생을 사는 사람에게는 바라보는 눈이 있다. "그리스도를 위하여 받는 수모를 애굽의 모든 보화보다 더 큰 재물로 여겼으니 이는 상 주심을 바라봄이라"(히 11:26).

"믿음의 주요 또 온전하게 하시는 이인 예수를 바라보자 그는 그 앞에 있는 기쁨을 위하여 십자가를 참으사 부끄러움을 개의치 아니하시더니 하나님 보좌 우편에 앉으셨느니라"(히 12:2).

예수를 바라보는 자, 영생을 바라보는 자, 하늘의 상급을 바라보면서 지금 자신에게 주어진 것들을 감사함으로 받아 신실하게 책임을 감당하며 살아가는 자, 앞서 가신 예수님처럼 하나님께서 반드시 영원한 기쁨을 맛보게 하실 것이다.

내 인생 최고의 날은 아직 오지 않았다. 과연 누가 이 말을 할 수 있는가. 오직 영생의 소망 가운데 살아가는 자만이 할 수 있는 말이다. 노년의 고독과 우울증은 왜 생기는 것인가. 여러 원인이 있겠지만 좋은 시절이 이제 다 갔다는 후회와 절망 때문이 아닐까. 앞으로 남은 날들을 생각할 때 밀려오는 두려움 때문은 아닐까.

예수 그리스도와 함께 하는 사람, 주시는 은총 가운데 하루하루 천국을 사는 사람, 지금 여기에서 영생을 사는 사람은 언제나 하나님께서 예비하신 최고의 영광을 바라보며 기대감을 가지고 살아가기에 그의 눈빛은 언제나 초롱초롱하다.

주님 앞에 서는 날 주님께서는 과연 나에게 무슨 말씀을 해주실까. "착하고 충성된 종아 네가 작은 일에 충성했으니 이제 내가 큰 것으로 네게 맡길 것이다. 이리 와서 나의 잔치를 마음껏 즐겨라." 주님께 가장 듣고 싶은 말씀이다.

1. 나는 지금 여기에서 영생을 살고 있는 사람인지 스스로
   질문해 보고 그렇다면 왜 그런지 아니라면 왜 아닌지
   생각해 봅시다.

2. 하나님께서는 왜 "보물을 하늘에 쌓아두라"고 말씀하
   신 것일까요(마 6:19-21).

3. 날마다 하나님을 의식하며 사는 사람과 그렇지 않은 사
   람, 두 사람의 삶에 어떤 차이가 있다고 생각하십니까?

4. 영원히 가치 있는 일에 내 시간과 물질을 투자하기 위
   해 나에게 어떤 변화가 필요하다고 생각하십니까?

　얼마 전 병원 심방을 가는 길에 집 사람이 불쑥 이런 말을 꺼냈다. "우리 집도 지금 적자인데 그래도 금일봉을 준비해서 가져가면 하나님이 기뻐하시겠죠?"

　집사람의 말을 들으며 속으로 뜨끔했지만 짐짓 여유 있는 표정을 지으며 이렇게 답했다. "그럼요. 세상 사람들 눈으로 보면 정말 어리석은 일이지만 하나님 나라 관점에서 보면 아주 지혜로운 일이죠."

　살면서 순간순간 갈등할 때가 있다. 과연 이 일을 꼭 해야만 하나. 이 사람을 꼭 도와주어야만 하나. 이 돈을 주어야만 하나. 그렇지만 잠시 마음을 돌이켜 그동안 하나님께로부터 받은 은혜를 생각한다면 답은 절로 나온다.

살아있는 것이 은혜요, 이렇게 무언가를 할 수 있는 것이 은혜이며, 더군다나 예수를 믿으며 믿음으로 살 수 있는 것이 얼마나 큰 은총인가. 은혜가 아니면 살 수 없는 인생, 은혜가 아니면 설 수 없는 인생이다.

한국 교회 성도들 전체가 하나님의 뜻에 따라 재물을 관리하고, 물질 때문에 시험에 드는 것이 아니라, 물질로 하나님을 영화롭게 하기를 기도하는 마음으로 부족하나마 아버지께서 베푸신 은혜를 글로 옮겼다.

한 가지 기도 제목이 있다면 신학교에 성경적 재정관리 과정이 개설되는 것이다. 하나님께서 문을 열어주시리라 믿고 기도하고 있다.

지금까지 부족한 사람의 글을 읽어 주신 모든 분들에게 감사드린다.

마라나타! 주 예수여 오시옵소서!

감사의

글

이 책은 하나님의 은혜의 산물이다. 나를 살려주시고 하나님의 일군으로 삼아주신 하나님이 아니었다면 이 책은 애당초 나올 수가 없는 책이었다. 지금껏 필자를 먹여주시고 입혀주신 하나님, 필자로 하여금 하고 싶은 공부를 마음껏 하게 하시고 하나님의 깊은 신비를 깨달아 알게 하신 하나님께 모든 영광과 찬양을 올려드린다.

더불어 오늘이 있기까지 필자의 곁에서 한결같이 필자를 지지해 주고 응원해준 사랑하는 아내 황승자, 언제나 부족한 아빠지만 믿어주고 묵묵히 따라준 하영이 중보, 재림이에게 고마운 마음을 전한다.

긴 세월 필자에게 목회자의 귀감이 되어 주시고 귀한 가르침을 주신 오세철 목사님, 이수영 목사님, 오성춘 목사님, 김기홍 목사님, 오창우 목사님, 이만규 목사님 그리고 성경적 재정원리를 전수해 주신 박종식 장로님과 박영해 권사님께 깊은 감사를 드린다.

그동안 필자와 함께 성경적 재정원리를 한국교회 방방곡곡에 전하기 위해 참으로 열과 성을 다해 수고하신 한국청지기 아카데미 강팔용 대표님과 왕진무 이사님을 위시한 여러 이사님들께도 깊은 감사를 드린다.

여러 가지로 모자란 필자를 신뢰하면서 부족함과 허물을 한없는 사랑으로 감싸주신 반석교회 성도들 그리고 부족한 글을 책으로 내겠다고 선뜻 제안하신 김현태 목사님이 아니었다면 이 책은 나올 수가 없었을 것이다. 모든 분들께 깊은 감사의 인사를 드린다.

성경적 재정관리 세미나

참석자의 간증

간증1

　자주는 아니지만 사업을 하다 보면 '절세'라는 명분하에 탈세를
하는 경우도 있었고, 더러는 계산서를 실제보다 더 끊어주거나, 덜
끊어줄 때도 있었습니다. 제가 가진 모든 재물과 사업체 역시 주님
의 것이라고 시인을 하면서도 실제 현실로 돌아가면 한 번도 청지
기로서 주님께 물어 보고 결정하지 않았던 것 같습니다. 결정을 할
때는 내 생각대로 하면서도 '주님께서 자율권을 주셨어'라고 정당화
했고, 부족하면 '왜 주님은 늘 풍족하게 주시질 않을까'라고 푸념하
였습니다.

　오랜 믿음 생활과 성경공부 등을 통하여 나름 믿음의 중심은 잡
혀있다고 생각했지만 항상 재물 문제는 그렇지 않았습니다. 재물은
신앙생활에 있어서 늘 저의 아킬레스건이었습니다. 남의 것을 크게
탐하지도 않았고 웬만하면 손해를 보고 살아왔는데, '왜 오랜 기간
사업을 하였는데도 불구하고 주님은 내게 큰 재물을 허락하지 않는
가, 재물이 많다면 더 좋은 곳에 사용 할 텐데, 사업가가 돈을 잘 벌
지 못하는 것도 죄악이라고 하는데 혹시 내가 사업가의 그릇이 아

닌데도 이 자리를 붙들고 있지는 않은가, 사업가에게 있어서 정직의 범위는 어디까지인가라는 고민이 늘 제게 있었습니다.

게다가 성격적으로 남이 돈을 빌려달라고 부탁을 하면 거절을 하지 못하는데다 이럴 때는 꼭 "네 이웃이 손을 내밀면 거절하지 말라"는 말씀이 떠올라서 여윳돈이 아닌, 꼭 사용해야 할 돈을 빌려준 뒤, 제 날짜에 돌려받지 못하여 상처를 받는 일이 허다했습니다. 그래서 재물에 관한 성경적인 중심을 잡고 싶었던 차에 이 재정훈련을 알게 되었습니다.

이 훈련과정을 통하여 저는 재물이라는 주제만으로도 얼마나 하나님과의 관계를 잘못하고 있는지, 그리고 제가 주님의 청지기로서 자격미달임을 깨닫게 되었습니다. 재정을 담당하는 직원이 회사 돈을 마구 사용한다면 당장 해고를 하는 것이 마땅한데, 제가 그런 엉터리 직원처럼 주님의 곳간 열쇠를 관리하고 있다는 것을 새삼 발견하게 되었던 것입니다.

특히 훈련 중에 "정직하지 않으면 하나님을 사랑할 수 없다. 정직하지 않게 행동하는 것은 '하나님은 존재하시지 않는다'라고 말하는 것과 같다"라는 내용은 제게 '넌 그 동안 주님의 존재를 인정하지 않았어'라는 음성으로 들려서 저의 신앙생활 전체를 흔드는 큰 충격으로 다가왔습니다. 아마도 저는 저도 모르는 사이에 기복 신앙인으로 살아왔는지 모르겠습니다.

재물에 관한 올바른 성경관과 실제 생활에 적용하는 방법 등을 접목시켜 배우는 것은 이 훈련이 이론으로 끝나지 않고 실제 적용까지 해볼 수 있도록 가이드라인을 제시해 주어서 참으로 유익했습니다. 무엇보다 이 훈련은 단순히 성경적 재정원칙을 넘어 제게 '그리스도인의 참 신앙의 진리'를 다시 한 번 깨닫게 해주어 더욱 감사합니다.

"여호와여 위대하심과 권능과 영광과 승리와 위엄이 다 주께 속하였사오니 천지에 있는 것이 다 주의 것이로소이다"(대상 29:11).

이 한 구절을 붙들고 신실한 청지기로서의 삶을 살아가길 다시 한 번 다짐해 봅니다.

(K집사. 제13기 BFS 수료)

간증2

아내의 권유로 시작한 BFS(성경적 재정관리 세미나)는 제 인생에 큰 변화를 가져다주었습니다. 훈련을 시작할 당시 저는 병원의 경영이 어려워져 극심한 스트레스와 불안으로 하루하루를 삶과 죽음의 기로에 서있는 상황이었습니다. 하나님께서 왜 나에게 이런 어려움을 주시는지 알 수가 없었고 해결책도 보이지 않는 막막한 상황이었습니다.

BFS에 등록은 하였으나 '과연 훈련을 받을 수 있을까'라는 의심으로 시작했지만 첫 훈련을 마치고 돌아오면서 많은 눈물을 흘렸습니다. '하나님께서 나에게 이 훈련을 지금 이 때에 받게 하신 이유가 있었구나!'라는 깨달음과 함께 더 늦기 전에 하나님의 재정훈련학교에 들어오게 된 것에 대한 감사의 눈물이었습니다.

BFS를 듣기전의 제 상태는 한마디로 문외한 그 자체이었습니다. "무식하면 용감하다"라는 표현이 맞는다고나 할까요? 하나님의 재정원칙은 물론 세상적인 재정원칙도 모르고 내 멋대로 개념 없이 돈을 써오던 저의 모습이 현재의 어려움을 초래한 결과라는 생각

성경적 재정관리 세미나 참석자의 간증

이 들었습니다. 어렸을 때부터 큰 재정적인 어려움을 느끼지 못하고 살아왔던 저는 소비나 지출에 아무런 생각 없이 돈을 쓰기 일쑤였고 병원운영이 어려움에 처할 때까지 계획성 없는 지출과 무모한 확장을 하다 현재의 어려움을 겪게 되었습니다.

또한 병원을 운영하면서 믿는 자로서 하나님의 뜻을 묻지 않고 사람의 뜻을 좇거나 나만의 고집대로 운영을 하다 보니 현재와 같은 어려움을 겪게 된 것을 뼈저리게 느끼게 되었습니다. 한 주 한 주 수업이 진행될 때마다 저에게 어쩌나 딱 맞는 뼈아픈 충고와 조언이 많던지 훈련을 마치고 돌아갈 때마다 BFS 훈련을 받게 하신 하나님께 감사의 기도를 드릴 수밖에 없었습니다.

또한 저희들을 가르치고 섬겨주신 리더 집사님의 따뜻한 섬김과 중보기도가 어쩌나 큰 위로와 힘이 되었는지 모릅니다. 함께 훈련을 받은 조원들도 다 믿음 안에 신실한 형제, 자매, 집사님들이어서 수업 중에 은혜로운 간증과 서로를 위한 중보기도로 훈련기간 내내 큰 은혜를 나누었습니다.

훈련을 통해 변화된 가장 큰 변화는 재물에 대한 나의 관점이 바뀌었다는 것입니다. 물론 훈련받기 전에도 재물에 대한 신앙적 관점을 가지고 있었으나 BFS 훈련 후에는 그 관점들이 보다 명확해졌고 구체적인 실천과제들을 통해 재물을 어떻게 유용하게 쓰고 관리하는 법에 대한 훈련을 받고나니 물질을 쓰는 방법과 마음가짐이 달라졌습니다. 불필요한 카드사용을 줄이거나 없애고, 저축을 하고, 빚을 갚고, 가장 중요한 가계부를 쓰는 등의 변화들이 저를 훈련을 받기 이전하고는 완전히 다른 소비패턴으로 이끌어주었고 그 무엇보다도 청지기 의식과 소명을 다시 한 번 확인한 것이 가장 큰 소득이었다고 생각합니다.

전에는 최고급 스포츠카를 타는 게 목표였고, 남부럽지 않게 펑펑 쓰는 소비를 미덕으로 생각하던 제가 이제는 최대한 소비를 줄이고 지출을 줄여서 빚을 갚아나가고, 병원경영에도 이제는 주님을 CEO로 모시고 주님께 뜻을 구하고 자문을 하며 운영하기로 했고, 자녀들에게도 BFS를 통해 배운 대로 재정교육을 시키려고 합니다. 또한 주변에 아는 지인들에게 BFS를 소개하여 이 유익한 교육을 꼭 한번 들어보라고 권유하는 BFS 전도자가 되었습니다.

다시 한 번 BFS를 듣게 하신 하나님께 감사와 영광을 올리며 지난 10주 동안 한결같이 저희 조원들을 섬겨주신 리더 집사님께 감사를 드립니다. 10주 동안 함께 한 우리 조원들 모두 다 사랑하고 감사했습니다.

(J 집사/의사, 사랑의 교회 27기)

성경적 재정관리 세미나 참석자의 간증

추천 도서

필자가 읽은 책 가운데 독자들에게 꼭 추천하고 싶은 책만을 추려서
중요하다고 생각되는 순서대로 나열했으니 순서대로 보시면 도움이
될 것입니다.

한국청지기아카데미.
청지기 성경적 재정교육
서울: 한국청지기아카데미, 2015

척 벤틀리.
돈에 넘어진 성경의 사람들
서울: 한국청지기아카데미, 2015

랜디 알콘.
돈, 소유 그리고 영원
김신호 역 / 서울: 예영커뮤니케이션, 2006

짐 월리스
회심
정모세 역 / 서울: IVP, 2010

김세윤, 고든 피 외
탐욕의 복음을 버려라
김형원 역 / 서울: 새물결플러스, 2011

양낙흥
깨끗한 부자 가난한 성자
서울: IVP, 2012

김영봉
바늘귀를 통과한 부자
서울: IVP, 2008

존 스토트
제자도
김명희 역, 서울: IVP, 2010

래리 버켓
하나님, 돈을 어떻게 쓸까요
박정윤, 조성표 역 / 서울: CUP, 2004

래리 버켓 릭 오스본
부유한 자녀로 양육하라
손상희, 김경자 역 / 서울: CUP, 2001

존 F. 캐버너
소비사회를 사는 그리스도인
박세혁 역, 서울: IVP, 2011

로버트 A. 러셀
이제 나는 부자다
공상용 역, 서울: 더북컴퍼니, 2005

신성종
내가 본 지옥과 천국
서울: 크리스챤서적, 2011

이중수

하나님의 돈

서울: 목회자료사, 2009

장하준

그들이 말하지 않는 23가지

김희정, 안세민 역 / 서울: 부키, 2011

정주진

시장의 평화 나의 평화

서울: 대한기독교서회, 2012

로날드 사이더.

가난한 시대를 사는 부유한 그리스도인

한화룡 역 / 서울:IVP,2009

김동윤

선한 청지기의 가정경제 회복이야기

서울: 국제제자훈련원, 2009

찰스 콜슨

이것이 인생이다

양혜원 역 / 서울: 홍성사, 2007

선데이 아델라자

돈 벌 이유, 돈 쓸 이유

한정자 역 / 서울: 국제제자훈련원, 2012

래리 버켓

가정경제의 지혜

김의자 역 / 서울: 보이스사, 1994

래리 버켓

빚지지 않고 사는 삶

김주성 역 / 서울: 베다니출판사, 2002

래리 버켓

돈 걱정 없는 가정

조성표 역, 서울: CUP, 1993

래리 버켓

가이사의 것이냐 하나님의 것이냐

박영옥 역 / 서울: 목회자료사, 1993

래리 버켓

크리스천 부부를 위한 재테크법

이승재, 황원남 역 / 서울: 은혜출판사, 2011

랜디 알콘

내 돈인가, 하나님 돈인가

김신호 역 / 서울: 토기장이, 2011

애덤 그랜트

기브앤테이크

윤태준 역, 서울: 생각연구소, 2013

에리히 프롬

소유냐 존재냐

차경아 역 / 서울: 까치, 2012

책 하트만

물질 형통

오태용 역 / 서울: 베다니출판사, 2009

자끄 엘륄

하나님이냐 돈이냐

양명수 역 / 서울· 대장간, 2010

공정신학과 교회연구소

하나님의 경제 I

서울: 북코리아, 2013

하마구치 나오타

돈이 당신에게 말하는 것들

오시연 역, 서울: 북스넛, 2012

김의수

돈 걱정 없는 우리 집

서울: 비전과 리더십, 2009

조성표

돈의 비밀

서울: CUP, 2008

박성득

슈퍼개미 박성득의 주식투자 교과서

서울: 살림, 2013

에드 베이커

코끼리 옮기기

윤혜영 역, 서울: 이상, 2009

황석

내 안의 부자를 깨워라

서울: 오픈마인드, 2012

보도 섀퍼

보도 섀퍼의 돈

이병서 역 / 서울: 북플러스, 2009

박인식

돈은 꽃이다

서울: 샘터, 2008

앨 잰들, 밴 크로치

곳간 원리

서울: 홍성사, 2011

현용수

자녀들아, 돈은 이렇게 벌고 이렇게 써라

서울: 동아일보사, 2009

정우식

99%는 왜 돈 걱정에 잠 못 드는가

서울: 인사이트북스, 2013

로버트 스키델스키, 에드워드 스키델스키

얼마나 있어야 충분한가

서울: 부키, 2013

래리 피바디

직업과 하나님

서울: 두란노서원, 1991

초판 1쇄   2018년 5월 12일

지은이 _ 김용수

펴낸이 _ 김현태

디자인 _ 디자인 창 (디자이너 장창호)

펴낸곳 _ 따스한 이야기

등록 _ No. 305-2011-000035

전화 _ 070-8699-8765

팩스 _ 02- 6020-8765

이메일 _ jhyuntae512@hanmail.net

따스한 이야기 페이스북

https://www.facebook.com/touchingstorypublisher

따스한 이야기는 출판을 원하는 분들의 좋은 원고를
기다리고 있습니다.

가격 12,000원